FINDE DEINEN
SEELEN-PARTNER

MIT THETAHEALING®

FINDE DEINEN
SEELEN-PARTNER

MIT
THETAHEALING®

VIANNA STIBAL

Zusammengetragen von Guy Stibal im Auftrag von Vianna Stibal

PUBLISHING

www.w-cooperation.ch

Bibliografische Information der Deutschen Nationalbibliothek: Die Deutsche Nationalbibliothek verzeichnet diese Publikation in der Deutschen Nationalbibliografie; detaillierte bibliografische Daten sind im Internet über dnb.dnb.de abrufbar.

Text © 2016 Vianna Stibal

Herstellung:
BoD – Books on Demand, Norderstedt

Verlag:
W-Cooperations GmbH | W-Publishing | Kriessern

ISBN: 978-3-95253-28-4-3

Die Urheberpersönlichkeitsrechte der Autoren wurden geltend gemacht.

Alle Rechte vorbehalten. Kein Teil dieser Veröffentlichung darf weder durch mechanische, photographische oder elektronische Prozesse noch durch phonographische Aufzeichnung reproduziert werden. Die Speicherung auf einem Datenabfragesystem, Übermittlung oder andere Arten der Vervielfältigung für öffentliche oder private Nutzung, anders als eine 'faire Nutzung' in Form von Kurzzitaten, eingebettet in Artikeln oder Rezensionen, ist ohne schriftliche Zustimmung des Verlegers ebenfalls untersagt.

Die Informationen in diesem Buch sind kein Ersatz für professionelle medizinische Beratung, bei Bedarf konsultieren Sie bitte einen Arzt. Jegliche Nutzung von Informationen dieses Buches liegt im Ermessen und im Risiko des Lesers. Weder der Autor noch der Verlag können für Verlust, Reklamation oder Beschädigung, welche durch die Nutzung, den Missbrauch, aufgrund der hier unterbreiteten Vorschläge, der Unterlassung medizinischen Rat einzuholen oder für jegliche Angaben auf Webseiten dritter, verantwortlich gemacht werden.

Die Handelsmarken ThetaHealing®, ThetaHealing Institute of Knowledge®, ThetaHealer® sowie Orian Technik™ sind im Besitz von Vianna Stibal, Begründerin von ThetaHealing und Inhaberin von Vianna's Nature's Path, und THInK. Jegliche unautorisierte Nutzung der Handelsmarken ist untersagt.

Innenbilder: 1, 103, 193 Thinkstockphotos/PongsakornJun; 228 Vianna Stibal; Alle anderen Bilder: Shutterstock/PHOTOCREO Michal Bednarek und Shutterstock/sakkmesterke

Erste Veröffentlichung in Englisch und Vertrieb im Vereinigten Königreich durch:

Hay House UK Ltd, Astley House, 33 Notting Hill Gate, London W11 3JQ
Tel: +44 (0)20 3675 2450; Fax: +44 (0)20 3675 2451; www.hayhouse.co.uk

INHALT

TEIL III: MIT EINEM SEELENPARTNER LEBEN

LISTE DER ÜBUNGEN

VORWORT

Dieses Buch ist für spirituelle, romantische Menschen gestaltet, die den Glauben nicht verloren haben – den Glauben daran, dass irgendwo in der Welt eine gleichgesinnte Person in denselben Himmel hinaufblickt, eine Person, die dieses besondere Wesen (oder der bestimmte Jemand) sein könnte. Jemand, der unsere Leidenschaft teilen könnte, die in ihrer Natur göttlich ist, mit der eine Beziehung erschaffen oder wiedererschaffen wird, die sogar in der Seele gefühlt wird, wiedergeboren mit einer Intensität, dass beide das Gefühl haben, sie seien Teil eines einzigen Seins. Kurz gesagt, es ist für Menschen, die nach einem Seelenpartner suchen.

Für mich sind die Grundlagen hierfür die mystischen, romantischen Eigenschaften des menschlichen Geistes, die einigen von uns innewohnen. Für uns ist es natürlich, mit jemandem zusammen sein zu wollen, der ein göttliches Verständnis für uns hat, und zu glauben, dass zwei Menschen zusammengebracht werden können, um einen göttlichen Plan zu erfüllen, um mit dem Schicksal in Richtung einer höheren Bestimmung zu arbeiten.

Der Wunsch nach einem Seelenpartner ist genau das – das uralte Bedürfnis, das göttliche Paar zu werden, dessen Vereinigung der Welt auf Ebenen jenseits des körperlichen neues Leben einhaucht.

In dieser Perspektive hat das Finden deines Seelenpartners tiefere Auswirkungen. Bei der Vereinigung von Seelenpartnern geht es um die Erschaffung einer außergewöhnlichen Energie.

Diese Energie nennen einige den Stein der Weisen, und die Waliser nennen sie die Muse – die göttliche Inspiration, die aus der Leidenschaft, die tief in uns schlummert, hochsteigt, in Erwartung der Erfüllung, die nur durch die Vereinigung zweier passender Seelenpartner entstehen kann. Diese Inspiration fließt dann nach außen, in alle anderen Aspekte unserer Existenz.

Wie ein Kieselstein, der in ein Becken mit stillem Wasser fällt, schickt diese Seelenvereinigung als Ausdruck des göttlichen Zeitplans in großem Umfang Wellen aus. Dieser göttliche Zeitplan arbeitet auf mehreren Ebenen. Anfangs stimuliert die Vereinigung zweier Seelen die Evolution der ewigen Seelen der beiden Beteiligten. Anschließend (was möglicherweise noch wichtiger ist) ist es durch den Kosmos dazu gestaltet, andere zu inspirieren und ihnen in ihrem spirituellen Wachstum zu helfen. Diese Vereinigung erschafft eine Energie aus Licht – eine weitere Kerze, um Licht auf diese Welt zu bringen.

Viele von uns werden auf diese Welt geboren und wissen, wie es sich anfühlen sollte, von einer anderen Person geliebt zu werden, dennoch wissen sie nicht, wie sie diesen Wunsch auf die höchste und beste Weise erfüllen sollen. Um diesen Herzenswunsch zu erreichen und uns mit einer anderen Person wohlzufühlen, müssen wir uns zuerst selbst genug lieben und dann müssen wir einen Vertrauensvorschuss gewähren. Dies ist weniger einfach, als es klingt. Es braucht Tapferkeit, jemanden so vollständig zu lieben.

Viele Menschen wissen instinktiv, dass Gefühle für einen anderen Menschen, die so intensiv, so allumfassend sind, auch riskant sind. Aus Angst vermeiden deshalb viele diese Art von naher Beziehung. Einige vermeiden es so weit, dass sie gar nicht an ihre eigene Sehnsucht glauben.

Bestimmt gab es eine Zeit, in der ich die wahre Liebe aufgegeben hatte und nicht länger glaubte, dass ich die Hohepriesterin noch finden würde, von der das Universum mir sagte, dass sie kommen werde. Ich dachte sogar darüber nach, ein Mönch zu werden und in Askese zu leben. Aber am 1. April 1997 (meinem siebenunddreißigsten Geburtstag), als der Komet Hale-Bopp die Sonne passierte, wusste ich, dass Veränderung in der Luft lag. Wie ein Sturm, den du an einem klaren und windstillen Tag schon ahnend fühlen kannst, wusste ich, dass etwas kommen würde. Der Sturm begann im August und die Winde und Gewässer namens Vianna nahmen mich mit in eine Vision von ThetaHealing®, die mit einem Kuss begann Im Herbst des Jahres waren wir verliebt, unser Schicksal verschmolz und wir waren auf den Schwingen der Gebete.

Ich glaube, durch unseren ersten Kuss entstand eine Seelenpartner-Anziehung zwischen Vianna und mir, die bis heute währt. Dieses Buch ist unserer Liebesgeschichte gewidmet, wie auch allen Romantikern da draußen. Nun, mein Freund, gehe auf eine Reise mit Vianna und bestätige deinen Glauben an wahre Liebe.

Guy Stibal

EINLEITUNG

Dieses Buch empfing Inspiration durch meine wahre Liebesgeschichte mit meinem Ehemann Guy Stibal. Diese Geschichte begann 10 Jahre, bevor ich ihm tatsächlich begegnete, als ich anfing, Visionen von einem Mann von Montana zu haben. Damals wusste ich, dass etwas in meinem Leben fehlte – eine große und tiefe Liebe, von der ich fühlte, dass ich sie zuvor bereits erlebt hatte und wieder erleben würde. Ich wusste, diese Liebe würde leidenschaftlich und tiefer als mein menschliches Verständnis sein. Ich hatte zudem auch das Gefühl, dass ich diesen Mann in besonderer Form erkennen würde, sobald ich ihm begegnete.

Da ich zu der Zeit in einer Beziehung lebte, fühlte ich mich wegen dieser Visionen schuldig. Jedoch gingen sie einfach nicht weg. Sie währten viele Jahre und erreichten ihren Höhepunkt, als ich begann, Readings zu machen, und anschließend lernte, wie man manifestiert. Da lernte ich etwas sehr Wichtiges: Wenn du deinen Träumen nicht folgst, erlaubst du anderen, dein Leben für dich zu steuern. Bis ich lernte, das zu manifestieren, was ich wollte, lebte ich mein Leben nach dem Willen anderer.

Bevor ich Guy traf, wusste ich nicht, wie ich mich lieben lassen sollte in meinen Beziehungen. Ich glaube, es lag daran, weil ich mich selbst nicht liebte. Die Beziehungen funktionierten nicht, weil die Partner aus verschiedenen Gründen unpassend waren, und ich war klug genug, sie zu verlassen. Ich war auch überzeugt davon, dass ich sie verlassen *musste*, bevor ich meinen Mann aus Montana finden konnte.

Als ich meinen Selbstwert erkannte, gelangte ich an den Punkt, bei dem ich mir den Mann manifestierte, den ich wollte. Endlich fand ich jemanden, mit dem ich mir vorstellen konnte, den Rest meines Lebens zu verbringen. Als ich mit Guy zusammenkam, konnte ich mich selbst auf einem Schaukelstuhl sehen, und ich konnte sehen, wie wir gemeinsam alt werden würden. Das fehlende Puzzleteil fand endlich seinen Platz. Wir schrieben sogar ein Buch darüber – *Auf den Schwingen der Gebete.*

Meine Readings und Konsultationen halfen mir, einen Seelenpartner zu manifestieren. Denn in ihnen stellte ich fest, dass andere ebenfalls ihren Seelenpartner suchten. Tatsächlich war die häufigste Frage im Hinblick auf Beziehungen: „Werde ich jemals meinen Seelenpartner finden?"

Erst als ich Guy begegnete, begann ich zu überlegen, wie ich Menschen dazu ermutigen könnte, diese besondere Person zu finden. Ich riet ihnen dazu, den Seelenpartner, der am besten zu ihnen passte, zu manifestieren. Dann entschied ich, unsere Liebesgeschichte in einem Buch niederzuschreiben um den Menschen zu helfen, zu erkennen, dass es möglich ist seinen Seelenpartner zu finden.

Im Lauf der Zeit beobachtete ich, dass das Manifestieren für einige Menschen wirkungsvoll war, aber nicht bei allen funktionierte oder ausreichte. Nach vielen weiteren Readings und der Auseinandersetzung mit Tausenden von verschiedenen persönlichen Szenarien erkannte ich plötzlich gemeinsame Verbindungen. Als ich ThetaHealing weiterentwickelte und die Glaubensarbeit dazu kam, stellte ich fest, dass es viele negative Glaubenssysteme im Hinblick auf Beziehungen und Liebe gibt. Eine der grundlegenden Negativüberzeugungen lautet: „Es ist unmöglich einen passenden Seelenpartner zu finden."

In diesem Buch werde ich dir zeigen, wie du diese Glaubenssätze veränderst, wie du einen Seelenpartner oder eine Seelenpartnerin findest und eine liebevolle Beziehung mit dieser Person führst.

WIE MAN DIESES BUCH BENUTZT

Dieses Buch ist der Begleiter zu meinem ersten Buch, *ThetaHealing*, und meinem zweiten Buch, *ThetaHealing für Fortgeschrittene*. Im Buch ThetaHealing erkläre ich Schritt für Schritt die Abläufe von ThetaHealing Readings, Heilungen, Glaubensarbeit, Gefühlsarbeit, Graben und Gen-Arbeit. Ich führe in die Ebenen der Existenz ein und vermittele weiteres Wissen für Einsteiger. *ThetaHealing für Fortgeschrittene* gibt eine tiefgreifende Anleitung in die Glaubens- und Gefühlsarbeit und das Graben wie auch Einsichten in die Ebenen der Existenz und die Glaubenssysteme, die meines Erachtens essentiell für spirituelles Wachstum sind. Hier findest du keine sukzessive Anleitung wie in *ThetaHealing Die Heilkraft der Schöpfung*. Es ist wichtig, ein Verständnis für diese Prozesse zu entwickeln, um dieses Buch vollständig nutzen zu können. Jedoch findest du eine kurze Beschreibung von beiden im ersten Kapitel.

Diese Techniken sind Meditationsprozesse, von denen ich glaube, dass sie körperliche, psychologische und spirituelle Heilung durch Nutzung der Theta-Gehirnwelle erschaffen. Während wir in einem reinen, göttlichen Theta-Bewusstseinszustand sind, können wir uns durch fokussiertes Gebet mit dem Schöpfer von Allem was Ist verbinden. Der Schöpfer hat uns das faszinierende Wissen gegeben, welches dir hier gezeigt wird. Es hat mein Leben und ebenso das vieler anderer Menschen verändert.

Jedoch ist eine Voraussetzung für diese Technik unverzichtbar: Du musst wesentlich an einen Schöpfer glauben – an Gott, den Schöpfer von Allem was Ist, oder was auch immer du für einen Namen wählst. [ThetaHealing hat keine religiöse Zugehörigkeit und ich erkenne, dass der Schöpfer viele Namen hat, darunter Gott, Buddha, Nirwana, Allah, Shiva, Göttin, Jesus, Quelle und Yahweh.] Auf dieser Grundlage kann jeder durch das Erlernen und Üben das erreichen – jeder, der an die Alles-was-Ist-Essenz glaubt, die durch alle Dinge fließt! Die Anwendungen von ThetaHealing sind nicht eingeschränkt auf Alter, Geschlecht, Rasse, Farbe oder Glaube. Jeder mit einem reinen Glauben an Gott kann die Äste des ThetaHealing-Baumes nutzen.

Obschon ich diese Informationen mit euch teile, übernehme ich keine Verantwortung für die Veränderungen, die möglicherweise daraus entstehen. Es ist deine Verantwortung – die Verantwortung, die du übernimmst, wenn du erkennst, dass du die Macht hast, dein Leben wie auch das Leben anderer zu verändern.

Meine Absicht ist es, dir einige praktische spirituelle Richtlinien im Hinblick auf Liebe, Beziehungen und insbesondere Seelenpartner zu geben. Du suchst möglicherweise nach Liebe – eine Liebe, die göttlich ist. Du hast dich möglicherweise noch nie zuvor verliebt und hältst Ausschau nach dieser besonderen Person, mit der du zusammen sein möchtest. Du bist vielleicht einsam. Es gibt viele einsame Menschen auf der Welt, und ich hoffe, dass dieses Buch dir zu Gesellschaft verhelfen wird. Es gibt dir nicht nur Hinweise dafür, wie du einen Seelenpartner findest, sondern auch, wie du ihn behältst. Wenn du deinen Seelenpartner bereits hast, wird es dir bei deiner Beziehung mit ihm helfen.

Und noch ein weiterer wichtiger Punkt, bevor du diese Anleitung nutzt: Dies ist eine Anleitung für Partnersuche und Ehe. Es ist nicht die Lizenz, deinen Geliebten oder deine gegenwärtige Beziehung zu verlassen. Sie wurde nicht als „Beziehungszerstörer" erschaffen. Nutze nicht ThetaHealing als Vorwand, wenn du deinen Geliebten, deine Ehefrau oder deinen Ehemann verlassen willst! Leute können sich verändern, man kann nie wissen, und unter all diesen ausgetragenen Überzeugungen sind sie möglicherweise deine passenden oder sogar göttlichen Seelenpartner.

Ich glaube seit dem Jahr 1998 haben sich mehr Seelenpartner gefunden als in irgendeiner anderen Zeit der Geschichte. Ich glaube dies liegt an der Veränderung der elektromagnetischen Energie der Erde und der spirituellen Evolution, die wir erwarten. Dies ist die Zeit, in der wir anfangen, uns selbst genug zu lieben, und das Gefühl dafür entwickeln, einen passenden oder sogar göttlichen Seelenpartner zu verdienen. Ich hoffe, du findest den deinen oder die deine.

Teil 1

DIE GRUNDLAGEN VON SEELENPARTNERN

Kapitel 1

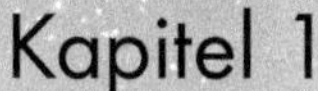

LIEBE UND
DIE THETA TECHNIK

Ich glaube, es gibt für jeden von uns eine besondere Person da draußen. Öffne deine Augen gegenüber der Welt um dich herum, und du wirst sie finden. ThetaHealing kann dir helfen. So funktioniert es.

EINE SCHNELLE AUFFRISCHUNG DER THETAHEALING-TECHNIK

In diesem Buch nutzt du eine Technik, die dich in die Theta-Gehirnwelle bringt. Um dies zu verstehen, möchte ich kurz meine ersten beiden Bücher zusammenfassen. Du solltest unbedingt mindestens eine Übersicht über die Äste des ThetaHealing-Baumes haben.

Die Theta-Gehirnwelle

All unser Handeln, Sprechen oder Denken wird durch die Frequenzen unserer Gehirnwellen reguliert. Es gibt fünf verschiedene Gehirnwellen: Alpha, Beta, Delta, Gamma und Theta. Das Gehirn produziert ständig Wellen in all diesen Frequenzen.

Eine Theta-Gehirnwelle ist ein tiefer Entspannungszustand, ein Traum-Zustand, immer kreativ, inspiriert und mit charakteristischen, spirituellen Sinneswahrnehmungen. Ich glaube, dieser Zustand erlaubt Zugriff auf das Unterbewusstsein und öffnet einen direkten Kanal, um mit dem Göttlichen zu kommunizieren. Ich glaube, sobald du das Wort „Gott" sagst, hältst du eine bewusste Theta-Welle.

In einem Theta-Geisteszustand können wir unser Bewusstsein über unseren sterblichen Körper hinausschicken, zu dem Ort, den wir die Siebte Ebene der Existenz nennen und wo wir uns mit der „Alles was Ist"-Energie, die dem ganzen Universum innewohnt, verbinden können. Studien haben gezeigt, dass Heiler und Menschen, die geheilt werden, gleichermaßen in eine Theta-Delta-Frequenz fallen. Dies erklärt womöglich die visionären Erfahrungen einiger Heiler.

Um die „Alles was Ist"-Energie zu erreichen, nutzen wir die folgende Meditation. Diese mentale „Straßenkarte" öffnet deinen Geist und erlaubt dir, die Siebte Ebene der Existenz zu erreichen. Sie stimuliert Neuronen in deinem Gehirn, um dich mit der Schöpfungsenergie zu verbinden. Du gehst auf eine innere Reise, um das Schöpfer-Selbst in dir zu finden und reist zur selben Zeit hinaus in das kosmische Bewusstsein.

GEHE HOCH AUF DIE SIEBTE EBENE

Zentriere dich in deinem Herzen und visualisiere, wie du hinuntergehst in Mutter-Erde. Stelle dir vor, wie Energie aus dem Zentrum der Erde durch deine Fußsohlen hochfließt und als wunderschöner Lichtball aus der Spitze deines Kopfes hinausgeht. Du bist in diesem Lichtball. Nimm dir, Zeit seine Farben zu erkennen.

Nun stelle dir vor, wie du am Universum vorbeigehst.

Stelle dir nun vor, wie du in das Licht über dem Universum gehst. Es ist ein wunderschönes weites Licht.

Stelle dir vor, wie du durch dieses Licht hindurchschreitest und du erblickst ein weiteres helles Licht, und noch eines und ein weiteres. Zwischen den Lichtern ist ein bisschen dunkles Licht, aber dies ist nur eine Schicht vor dem nächsten Licht, also gehe weiter. Du gehst hoch durch alle Ebenen der Existenz.

Schließlich wirst du ein großartiges strahlendes Licht sehen. Schreite auch durch dieses hindurch. Sobald du dies getan hast, erblickst du eine dunklere Energie, eine geleeartige Substanz. Sie hat alle Regenbogenfarben in sich. Wenn du in sie hineingehst siehst du, dass sich die Farben verändern. Du wirst allerlei Formen und Farben sehen. Dies sind die Gesetze, die das Universum bestimmen.

In der Ferne siehst du ein weißes irisierendes Licht. Seine bläulich weiße Farbe erinnert an eine Perle. Gehe auf dieses Licht zu. Vermeide es, vom tiefblauen Licht, welches du auch siehst, abgelenkt zu werden. Dies ist das Gesetz des Magnetismus. Es wird mit dir sprechen und du wirst eine gute Zeit haben, aber du könntest dich für Stunden mit ihm unterhalten. Wenn du möchtest, kannst du mit ihm sprechen, nachdem du zur Siebten Ebene gegangen bist.

Während du näher zum weißen Licht kommst, siehst du einen rosafarbenen Nebel. Gehe weiter, bis du ihn siehst. Dies ist das Gesetz des Mitgefühls, und es wird dich zu dem besonderen Ort bringen, den du suchst.

Auf der Siebten Ebene befindet sich einfach nur Energie, hier erkennst du weder Menschen noch Dinge. Wenn du also Menschen siehst, gehe höher.

Von der Siebten Ebene aus kann der Schöpfer von Allem was Ist spontane Heilungen erschaffen und du kannst jeden Aspekt deines Lebens erschaffen.

Übe, auf die Siebte Ebene zu gehen, um die reine Essenz der „Alles was Ist"-Energie zu finden. Dieser Prozess wird Türen in deinem Geist öffnen, um dich mit Allem was Ist zu verbinden.

Das Reading

Nun, da du die Informationen zur Technik hast, setzen wir die Teile für eine Fernbeobachtung zusammen, die ich auch als „Reading" bezeichne.

Die Struktur eines Readings ist einfach:

DIE READING-MEDITATION

1. Zentriere dich in deinem Herzen, und schicke deine Energie hinunter in Mutter Erde.

2. Bringe die Energie durch deinen Körper hoch, während du dies machst, öffne alle deine Chakren, alle Energiezentren deines Körpers, und richte sie aus.

3. Gehe hoch, aus deinem Kronen-Chakra in einem wunderschönen Lichtball hinaus. Gehe hinaus durch das Universum.

4. Gehe hoch, durch alle Ebenen der Existenz, indem du den Wegweiser zu Allem was Ist (wie zuvor beschrieben) nutzt.

5. Stelle die Verbindung zur Siebten Ebene der Existenz und zum Schöpfer von Allem was Ist her.

6. Gib die Anweisung und bitte (die Anweisung ist für dein Unterbewusstsein, die Bitte ist für den Schöpfer) dieses Reading zu bezeugen indem du im Stillen sagst:

   *Schöpfer von Allem was ist, es ist ein Reading
   für [Name der Person] angewiesen.*

7. Gehe in den Raum der Person und bezeuge, dass was für dieses Reading zu bezeugen ist.

8. Sobald du dies abgeschlossen hast, reinige dich mit der Siebten-Ebenen-Energie und bleibe mit ihr verbunden.

Sobald du fähig bist diese Meditation zu machen, bist du bereit Glaubensarbeit zu machen. Glaubensarbeit ist wichtig, da es dir zeigen wird, was du im Hinblick auf Beziehungen und deinen Lebenspartner zu finden glaubst. Eine der besten Möglichkeiten, um festzustellen, ob du bereit für einen Seelenpartner bist, ist die ThetaHealing Glaubens- und Gefühlsarbeit.

Glaubens- und Gefühlsarbeit

Glaubensarbeit ist ein Weg, auf dem wir herausfinden können, wie wir uns im Hinblick auf Beziehungen und, was ebenso wichtig ist, im Hinblick auf uns wirklich fühlen. Wenn wir uns mit uns selbst wohlfühlen, können wir mit uns selbst leben. Das wiederum bedeutet, dass auch eine andere Person mit uns leben kann. Gibt es Widersprüche in uns, werden diese in den Menschen, die von uns angezogen werden, manifestiert. Diese Menschen werden sowohl unsere negativen als auch unsere positiven Aspekte haben.

Gewöhnlich sind wir uns dieses Prozesses nicht bewusst und ebenso wenig der von uns befolgten negativen Glaubenssätze. Viele von uns lebten in der Vergangenheit in schwierigen Beziehungen, die wir hätten vermeiden können, wären wir im Besitz der richtigen psychologischen und spirituellen Werkzeuge gewesen.

In den Angelegenheiten des Herzens gibt es viele widersprüchliche Glaubenssysteme. Ein Beispiel wäre die Person, die vollkommen unabhängig sein möchte *und gleichzeitig* um einen Seelenpartner bittet, um ihr Leben zu teilen. Diese Überzeugungen stehen offensichtlich im Konflikt miteinander.

In Readings hörte ich sehr vielen Frauen zu, die sagten: „Da draußen gibt es nur gemeine Männer." Eine Folge davon ist, dass diese Frauen immer nur gemeine Männer finden. Dasselbe hörte ich in Reading mit Männern, die sagten: „Da draußen gibt es nur Frauen, die Männer ausnutzen." Da sie das glauben, ist es das Einzige, was sie finden, da ihr Unterbewusstsein glaubt, dass sie das wollen.

In psychologischer Sichtweise lässt sich Glaubensarbeit als Öffnung eines Portals zum Unterbewusstsein interpretieren, um darin Veränderungen zu erschaffen. Meine Beobachtungen von Menschen bei Glaubensarbeitssitzungen offenbarte mir zumindest bei einigen Menschen, als ob eine Schutzblase ihr Unterbewusstsein einhülle. Diesen Schutz haben sie gebildet, um den Erinnerungsspeicher ihres Unterbewusstseins vor Schmerzen zu schützen oder dem möglicherweise als schmerzhaft wahrgenommenen. Wir sollten also versuchen, genau das zu verändern, indem wir vorhaben, das was ThetaHealing ein „Programm" nennt, zu verändern.

Programme

Unser Gehirn arbeitet wie ein biologischer Supercomputer, es bewertet die Informationen, die zu uns kommen und antwortet darauf. Wie wir auf eine Erfahrung reagieren, hängt auch von den Informationen ab, die unserem Unterbewusstsein gegeben wurden und wie diese empfangen und interpretiert wurden. Wenn ein Glaubenssatz vom Geist als real und wahr akzeptiert wurde, glauben wir, dass es ein „Glaubens-Programm" wird.

Programme können zu unserem Vorteil oder Nachteil arbeiten, abhängig davon, was sie sind und wie wir auf sie reagieren.

Zum Beispiel leben viele Menschen den Großteil ihres Lebens mit dem versteckten Programm, dass sie keinen Erfolg haben können. Auch wenn sie viele Jahre sehr erfolgreich sind, verlieren sie plötzlich wieder alles, was sie besitzen, als Ergebnis dieses Programmes. Ohne zu erkennen, dass sie sich selbst sabotieren, führen sie diesen Prozess fort. Sie verstehen nicht, dass tief in ihrem Unterbewusstsein Programme fließen und auf die Möglichkeit warten, in der Außenwelt ausgedrückt zu werden.

Glaubensarbeit gibt uns die Fähigkeit, diese negativen Programme durch positive zu ersetzen. Dies geschieht durch die Wahrnehmung, dass wir durch die stärkste Kraft im Universum verändern können: durch die Energie von subatomaren Partikeln.

Während unseres ganzen Lebens, wenn wir lernen und wachsen, denken viele von uns, dass Veränderung und Wachstum schwierig sein kann. Wenn wir Kinder sind, können unsere Erfahrungen mit Veränderungen uns lehren, dass sie schmerzhaft oder sogar gefährlich sein können. Zum Beispiel kann es traumatisch sein, die Schule zu wechseln. Wenn unsere Eltern sich scheiden lassen oder ein Familienmitglied oder ein Freund stirbt, bildet sich die Blase um unser Unterbewusstsein, um uns vor Schmerzen zu schützen. Wenn wir älter werden, uns verändern und wachsen (wie von der westlichen Mentalität wahrgenommen), wird es oftmals als schmerzhaft empfunden. Wenn wir eine Arbeit verlieren, die Stelle wechseln oder die Beziehung mit einer geliebten Person scheitert oder wenn unser Körper älter wird, können unsere Wahrnehmung der Veränderung und unsere Einstellung zu ihr immer negativer werden. Dann gilt sogar der Versuch einer positiven Veränderung als schmerzhaft, und die Schutzblase bleibt erhalten oder wird gar verstärkt. Während wir älter werden, fallen uns Veränderungen immer schwerer, die das Risiko für Schmerzen enthalten. Die Schutzschichten werden immer dicker und dicker.

Glaubensarbeit soll diese Schichten durchdringen, um das Unterbewusstsein zu erreichen und Veränderungen zu ermöglichen, ohne dass der Schmerz wieder und wieder erschaffen wird.

Die Glaubensebenen

Ich glaube, dass es vier Glaubensebenen in einer Person gibt, in welchen Glaubens-Programme gehalten werden:

1. *Die Kern-Glaubensebene:* Kern-Glaubenssätze wurden uns schon in der Kindheit beigebracht und werden von uns seither akzeptiert in unserem Leben. Sie wurden ein Teil von uns. Sie werden als Energie im Frontallappen des Gehirns gehalten.

2. *Die genetische Ebene:* Auf dieser Ebene werden Programme von unseren Vorfahren gehalten oder unseren Genen in diesem Leben hinzugefügt. Diese Glaubenssätze werden als Energie im morphogenetischen Feld rund um die physische DNA gehalten. Dieses Wissensfeld sagt den Mechanismen der DNA, was zu tun ist.

3. *Die historische Ebene:* Diese Ebene birgt Erinnerungen von vergangenen Leben oder tiefe genetische Erinnerungen oder Gruppenbewusstseinserfahrungen, die wir in die Gegenwart getragen haben. Sie werden in unserer Aura gehalten.

4. *Die Seelen-Ebene:* Diese Ebene ist alles, was wir sind.

Energietest

Um festzustellen, ob eine Person gewisse Glaubensprogramme hat, nutzen wir eine einfache Methode, die als „Muskeltest" oder „Energietest" bezeichnet wird. Der Kinesiologie nicht unähnlich, verrät uns dieser Test, welche Programme diese Person auf den geschilderten vier Glaubensebenen hat.

Der Energietest ist ein direktes Vorgehen, womit der Anwender das Energiefeld oder die „Alles was Ist"-Essenz einer Person testet. Dies entstand aus der konventionellen Form der medizinischen diagnostischen Kinesiologie. Das Verfahren erlaubt dem Anwender und dem Klienten eine Reaktion auf einen Impuls zu erfahren und gibt die physische und visuelle Bestätigung, dass ein Programm existiert. Unter der Voraussetzung, dass der Körper richtig hydriert ist, erweist sich der Muskeltest als hilfreiches Werkzeug. Es gibt zwei eindeutige Methoden für das Energietesten in der Glaubensarbeit.

ENERGIETEST: METHODE EINS

Setze dich deinem Klienten gegenüber. Bewege deine Hand vor dem Brustkorb des Klienten in einer schneidenden Bewegung abwärts und wieder aufwärts. Dies wird die Person „zu zippen", d. h., ihr elektromagnetisches Feld zieht sich zusammen, so dass der Muskeltest korrekt testen wird.

1. Lasse den Klienten seinen Daumen und entweder seinen Zeige- oder seinen Ringfinger kreisförmig zusammendrücken. Sage ihm, er solle seine Finger fest zusammendrücken.

2. Instruiere ihn, abhängig von seinem Geschlecht zu sagen „Ich bin ein Mann" oder „Ich bin eine Frau".

3. Ziehe seine Finger auseinander, um den „starken" oder „schwachen" Halt zu prüfen. Wenn die Finger stark zusammenhalten, ist dies eine bestätigende Antwort. Wenn sie sich öffnen lassen, zeigt dies einen schwachen Halt und gilt als Widerlegung. Wenn dies umgekehrt ist, zeigt es an, dass die Person dehydriert ist. Gib ihr ein Glas Wasser.

ENERGIETEST: METHODE ZWEI

Dies ist eine weitere Art des Muskeltests, die du nutzen kannst, wenn du an dir selbst, mit jemandem am Telefon, oder auch mit einem Klienten in deiner Anwesenheit arbeitest.

1. Die getestete Person steht und blickt nach Norden und sagt „Ja". Ihr Körper sollte sich für eine positive Antwort nach vorne neigen.

2. Wenn der Klient „Nein" sagt, sollte sich ihr Körper nach hinten neigen, um eine negative Antwort anzuzeigen.

3. Wenn der Körper sich nicht bewegt, ist der Klient höchstwahrscheinlich dehydriert.

4. Wenn sich der Körper bei „Nein" nach vorne neigt oder bei einem „Ja" nach hinten, zeigt dies ebenfalls Dehydrierung an.

5. Sobald sich die Person bei einem „Ja" nach vorne Richtung Norden neigt und bei einem „Nein" nach hinten, sind sie bereit, die Programme zu testen.

Graben

Eine Möglichkeit für ThetaHealing-Anwender, eine Einzelsitzung effektiver zu gestalten, ist das sogenannte „Graben". Hierbei machen wir Energietests, um den Schlüsselglaubenssatz zu finden, der viele andere Glaubenssätze aufrechthält. Der Anwender spielt die Rolle des Ermittlers, auf der Suche nach dem emotionalen Thema, das die Wurzel des Glaubenssatzes bildet und von dem er abstammt. Während der Anwender Energietests bei der Person macht, werden die von der Person getroffenen Aussagen Hinweise auf den Schlüsselglaubenssatz geben.

Es ist hilfreich, sich die Glaubenssysteme als einen aus Bausteinen bestehenden Turm von vorzustellen. Der unterste Baustein ist der *Schlüsselglaubenssatz*, der den Rest der Glaubenssätze aufrecht hält. Frage den Schöpfer immer, „Welcher Schlüsselglaubenssatz hält den Rest der Glaubenssätze aufrecht?" Du kannst dir stundenlange Arbeit sparen, indem du die größeren Schlüsselglaubenssätze findest.

Der Prozess ist einfach! Alles, was du machen musst ist Fragen zu stellen wie „Wer?", „Was?", „Wo?", „Warum?" und „Wie?" Der Geist des Klienten übernimmt das Graben für dich. Er wird die Informationen wie ein Computer abrufen und dir eine Antwort auf jede Frage geben.

Wenn es scheint, als würden sie feststecken, während sie die Antwort suchen, ist dies nur vorübergehend. Ändere die Fragen von „Warum?" zu „Wie?", etc., bis sich eine Antwort zeigt. Wenn weiter eine Antwort ausbleibt, frage, „Wenn du die Antwort wüsstest, was wäre sie?" Mit etwas Übung wirst du lernen, wie du auf die Fähigkeit des Geistes, die richtige Antwort zu finden, zugreifen kannst. Und jederzeit während einer Glaubensarbeitssitzung kann der Schöpfer zu dir kommen und dir den gesuchten Grundglaubenssatz geben. Sei also offen für göttliche Hilfe.

Sobald du den Schlüsselglaubenssatz identifiziert hast, frage den Schöpfer, ob du ihn entlassen, ersetzen oder einfach nur Aspekte von ihm löschen sollst. Ersetze Programme nie ohne das nötige Urteilsvermögen. Was anfangs als negatives Programm wahrgenommen wird, könnte möglicherweise vorteilhaft sein.

Jedoch bedeutet graben nicht, dass wir nur dem Schöpfer fragen, was wir verändern. Es beinhaltet ein Gespräch mit dem Klienten, da die Handlung des Darüber-Sprechens sie von einem Teil des Themas bereits befreien wird. Es wird das Programm sogar ins Licht des Bewusstseins holen, sodass es spontan aufgelöst werden kann.

Wenn du ein Programm ersetzt, solltest du zuerst verstehen, an welcher Neuronenverbindung du arbeiten musst. Sobald du die Synapsen modifiziert hast, musst du sicherstellen, dass du die damit verbundenen Muster, die im Gegensatz zum neuen Konzept stehen, ebenfalls veränderst. Erinnere dich, dass historische und genetische Glaubenssätze möglicherweise ebenfalls das Einfügen von neuen Glaubenssätzen blockieren.

Der Schlüsselpunkt ist die Klient-Anwender-Interaktion. Der Klient sollte sich nicht zu stark auf die Idee fokussieren, dass sein Gehirn neu programmiert wird, sonst könnte das Unterbewusstsein versuchen, das neue Programm durch das alte zu ersetzen.

Finde immer heraus, wie der Grundglaubenssatz der Person genützt und was sie daraus gelernt hat. Dies ist üblicherweise ein positiver Aspekt der meisten Grundglaubenssätze, wie beispielsweise „Wenn ich übergewichtig bin, sind meine Gefühle sicher." oder „Wenn ich übergewichtig bin, werden meine tiefsten Gefühle versteckt bleiben." Wie du sehen kannst, gibt unser Geist immer sein Bestes, um uns vor Schmerz zu beschützen. Indem du sicherstellst, dass eine Person versteht, warum sie ein Programm hatte, das nicht zum Höchsten und Besten war, hilfst du ihr, das Risiko zu verringern, dieselbe Energie wiederzuerschaffen.

Es empfiehlt sich, das tiefste Programm zu finden, bevor die Sitzung zu Ende ist. Gefühlsarbeit wird hierbei helfen, da in vielen Fällen das Einsetzen von Gefühlen den Prozess fördert, das tiefste Programm zu finden.

Gefühlsarbeit

Viele Menschen wissen nicht, wie sie die Liebe für einen Seelenpartner ausdrücken können. Dies liegt daran, dass sie diese Gefühle noch nie entwickelt haben. Es ist schwierig, einen Seelenpartner anzuziehen, wenn es dir unmöglich ist, die Liebe, die dir gegeben wird, zurückzugeben.

Einige Menschen haben die Energie gewisser Gefühle noch nie zuvor in ihrem Leben erfahren. Vielleicht wurden sie als Kind traumatisiert und haben diese Gefühle nicht entwickelt, oder sie haben sie irgendwo im emotionalen Drama-Trauma dieser Existenz verloren.

Niemals erfahren zu haben, wie es sich anfühlt, geliebt oder zum Beispiel auch reich zu sein, sind Gründe dafür, weshalb die Manifestation eines Seelenpartners oder Reichtum dein Leben nicht erreichen. Um zu manifestieren, was wir möchten, müssen wir diese Gefühle zuerst erfahren. Dies zeigt uns, dass es im Universum Möglichkeiten gibt, an die zu glauben wir imstande sind.

Um zu erfahren, wie es sich anfühlt, von jemandem geliebt zu sein, oder irgendein anderes Gefühl, welches uns unbekannt ist, muss uns dies vom Schöpfer gezeigt werden.

Um einem Klienten die Erfahrung eines bestimmten Gefühls zu geben, erbittet ein ThetaHealing-Anwender dessen Erlaubnis und verbindet sich mit dem Schöpfer von Allem was Ist. Der Anwender bezeugt, wie die Energie des Gefühls vom Schöpfer in die Person „heruntergeladen" wird und durch jede Zelle des Körpers fließt und ebenso durch alle vier Glaubensebenen. So kann in Sekunden etwas gelernt werden, was sonst möglicherweise mehrere Leben dauern würde.

Wie bei der Glaubensarbeit nutzen wir den Muskeltest, um zu sehen, ob jemand ein Gefühl versteht oder nicht. Hierzu nutzen wir folgende Formen:

- Ich verstehe, wie es sich anfühlt…

- Ich weiß…

- Ich weiß, wann…

- Ich weiß, wie…

- Ich weiß, wie ich mein tägliches Leben lebe…

- Ich kenne die Perspektive des Schöpfers von Allem was Ist von…

- Ich weiß, dass es möglich ist zu…

- Ich bin…

- Ich mache…

Zum Beispiel:

- Ich verstehe, wie es sich anfühlt zu vertrauen.

- Ich weiß, wie es sich anfühlt zu vertrauen.

- Ich weiß, wann ich vertraue.

- Ich weiß, wie ich vertraue.

- Ich weiß, wie ich mein tägliches Leben lebe und vertraue und vertrauenswürdig bin.

- Ich kenne die Perspektive des Schöpfers von Allem was Ist von Vertrauen und wie ich vertraue.

- Ich weiß, dass es möglich ist, zu vertrauen und vertrauenswürdig zu sein.

- Ich bin vertrauenswürdig.

- Ich vertraue.

Sobald das Gefühl erfahren wurde, ist die Person bereit, Veränderungen in ihrem Leben zu erschaffen. Ich habe gesehen, wie sich viele Leben verändert haben, indem einfach Gefühle vom Schöpfer heruntergeladen wurden.

Bei ThetaHealing kannst du auch dein eigener Anwender sein und an dir selbst Glaubens- und Gefühlsarbeit praktizieren.

So führst du eine Glaubens- oder Gefühlsarbeitssitzung mitsamt dem Prozess des Grabens durch, als arbeitetest du mit einer anderen Person.

DIE FÜNF SCHRITTE DER GLAUBENSARBEIT UND DIE ACHT ARTEN DES GRABENS

Schritt 1. Schaffe eine Vertrauensverbindung

- Lasse den Klienten sich wohlfühlen.

- Höre dem Klienten zu. Erkenne an, was er sagt, und stelle ihm Fragen, ohne aggressiv zu sein.

- Du musst Augenkontakt zum Klienten herstellen. Betrachte seine Körpersprache des Klienten. Dies gibt dir Anhaltspunkte dafür, wann ein sensibler Punkt in der Glaubensarbeitssitzung erreicht wurde.

Schritt 2: Identifiziere das Thema

- Stelle fest, an welchem Thema (Glaubenssatz) der Klient in der Sitzung gerne arbeiten möchte. Dies ist der oberste Glaubenssatz, an dem du arbeitest, um den Grundglaubenssatz zu finden.

- Identifiziere wie sich der Glaubenssatz in einer bestimmten Situation im Leben des Klienten ausgedrückt hat.

- Mache den Muskeltest, um festzustellen, was der Klient für wahr hält.

- Setze dir ein allgemeines Ziel mit dem Klienten: „Lass uns zusammen in das Thema einsteigen, um es zu ergründen."

Schritt 3: Beginne mit dem Prozess des Grabens

Das Graben nach dem Grundglaubenssatz, der als Sockel für alle weiteren, auf ihm gestapelten Glaubenssätze dient, ist eine Kunst. Jede Person ist unterschiedlich, und es ist wichtig zu wissen, dass jede Sitzung des Grabens anders verlaufen wird. Es gibt acht gängige Ansätze in der Technik des Grabens. Diese sind wie folgt:

1. Grundlegende Fragen

- Beginne, indem du die grundlegenden Fragen stellst. Diese sind:

    ‚Wer?'

    ‚Was?'

    ‚Wo?'

    ‚Warum?'

    ‚Wie?'

- Beispiel:

    ‚Warum denkst du das?'

    ‚Was hast du daraus gelernt?'

    ‚Wie hat dir dies genützt?'

- Wenn die Person sagt ‚Ich weiß es nicht,' frage, ‚Was wäre, wenn du es wüsstest?' oder ‚Aber wenn du es wüsstest…?' Dies ist eine Öffnung für tiefere Glaubens-Programme.

2. Phobien

- Identifiziere die tiefste Angst, die unter allen anderen Ängsten liegt. Frage:

  ‚Was ist das Schlimmste, dass passieren könnte, wenn du in dieser Situation wärst?‘

  ‚Was würde in dieser Situation als nächstes passieren?‘

3. Drama (Trauma)

- Identifiziere die Situation in der Vergangenheit, die diese traumatischen Emotionen, wie Ärger, Traurigkeit, Groll, Schuld und Zurückweisung, das erste Mal hervorgerufen haben.

- Dann identifiziere die jetzigen Indikatoren der Gefühle dieser Person:

  ‚Wann hast du angefangen, dich so zu fühlen?‘

  ‚Gegenüber wem hast du dich so gefühlt?‘

  ‚Wo warst du, als du dich so gefühlt hast?‘

  ‚Was geschah zu dieser Zeit?‘

  ‚Wie fühlst du dich im Hinblick auf diese Situation?‘

  ‚Was für Handlungen würdest du gerne machen, aus den Gefühlen, die du aus dieser Situation hattest?‘

- Identifiziere, wann das Gefühl sich entwickelte:

  ‚Wann warst du zum ersten Mal in einer ähnlichen Situation und erlebtest ähnliche Gefühle?‘

  ‚Wie hast du dich damals gefühlt?‘

- Bezeuge wie der Glaubenssatz auf allen vier Glaubensebenen (Kern, genetisch, historisch und Seelenebene) aufgelöst und verändert wird.

- Mache Downloads der Gefühle, die gebraucht werden, damit die Person den Grundglaubenssatz erkennt.

- Frage:

    ‚Was hast du aus dieser Erfahrung gelernt?'

    ‚Warum musstest du dies erfahren?'

    ‚Wie hat es dir genützt und wie wird es dir weiter nützen?'

4. Krankheit

- Finde heraus, was das Problem ist, und beginne dann, tiefer zu graben.

- Finde heraus, warum die Person krank wurde:

    ‚Wann hat die Krankheit begonnen?'

    ‚Was ging damals in deinem Leben vor?'

- Finde heraus, warum die Person krank bleibt:

    ‚Was war das Beste, was dir, seit du krank bist, passiert ist?'

    ‚Was hast du aus dem Kranksein gelernt?'

- Finde heraus, warum die Person nicht gesunden kann:

    ‚Was würde passieren, wenn du wieder vollkommen gesunden würdest?'

5. Manifestieren

- Bitte den Klienten zu visualisieren, was er täte, wenn er alles Geld hätte, das er benötigt.

- Frage den Klienten, wo er sein würde, wenn er alles Geld hätte, das er benötigt.

- ‚Wie fühlt sich die Person mit allem Geld, das sie jemals haben wollte?'

- Gibt es eine Partnerschaft im Leben der Person und falls ja, wie reagierten Familie/Freunde/Seelenpartner auf all das Geld und so weiter?

- Entdecke Themen, die dem Klienten bei der Visualisierung Unwohlsein bereiten und grabe nun tiefer, um die Themen aufzulösen. Frage:

  ‚Was würdest du machen, wenn du alles Geld hättest, das du jemals haben wolltest?'

  ‚Was könnte in der Situation schiefgehen?''

6. Genetische Arbeit

Wenn du beim Muskeltest feststellst, dass die Person bestimmte Glaubenssätze hat, an welche sie nicht bewusst glaubt, stellst du möglicherweise fest, dass sie verwirrt ist und es dir schwerfallen wird, mit dem Graben voranzukommen. Ihr Glaubenssatz ist womöglich der von ihren Vorfahren vererbte genetische Glaubenssatz.

- Frage, wie folgt, um weiterzukommen:

  ‚Ist das der Glaube deiner Mutter?'

  ‚Ist das der Glaube deines Vaters?'

  ‚Ist das der Glaube deiner Vorfahren?'

7. Gruppenbewusstseins Glaubenssätze

Wenn viele Menschen denselben Glaubenssatz haben, akzeptieren sie ihn als Tatsache, und er wird ein Glaubenssatz des Gruppenbewusstseins.

- Ziehe diese Glaubenssätze heraus und lösche sie, sodass der Klient vorwärtsgehen kann. Wenn er zum Beispiel glaubt:

  'Diabetes ist unheilbar.'

  'Ich habe Angst, meine Kraft zu nutzen.'

  ,Ich habe ein Armutsgelübde abgelegt.'

- Du kannst die folgenden Downloads machen:

  ',Diabetes ist heilbar.'

  ,Ich kann meine Kraft sicher und in Frieden nutzen.'

  ,Das Armutsgelübde ist vollständig aufgehoben.''

8. Das Unmögliche

Diese Arbeit wird nicht ausgeführt, um Blockaden zu finden, sondern um dein Gehirn neu so zu programmieren, dass, was du gegenwärtig für unmöglich hältst, als Möglichkeit akzeptierst.

- Frage:

  ,Was würde passieren, wenn ... ?'

Schritt 4: Verändere den Glaubenssatz

- Führe die Heilung für die während der Sitzung entstehenden Emotionen aus.

- Ersetze den zugrundeliegenden Glaubenssatz durch einen positiv gefassten.

- Füge Downloads hinzu, um den neuen Glaubenssatz zu unterstützen.

Schritt 5: Bestätige, dass der Glaubenssatz geändert wurde

- Bestätige die Änderung des Glaubenssatzes, indem du den Muskeltest machst.

Frage den Schöpfer

Der Schöpfer steht dir während der Glaubensarbeit zur Seite. Du bist nie alleine. Bitte immer um die Hilfe des Schöpfers, wenn du nicht mehr weiterweißt oder du Führung brauchst.

Beispiele für Fragen, die du dem Schöpfer stellen kannst: Frage:

- wenn verschiedene Themen sich bieten, frage, welches Thema du fokussieren sollst

- ob ein bestimmter Glaubenssatz der grundlegende Glaubenssatz ist

- wie der grundlegende Glaubenssatz in einer bestimmten Situation lautet

- welcher neue Glaubenssatz den alten ersetzt

- welche Frage du als nächste stellen sollst, wenn du in einer Glaubensarbeitssitzung nicht mehr weiterkommst

- welche Gefühle du eine Person in einer bestimmten Situation lehren sollst

Frage auf folgende Art und Weise:

Schöpfer von Allem was Ist, nenne mir die Gefühle,
welche ich dieser Person als Download geben soll. Danke.
Es ist vollbracht. Es ist vollbracht. Es ist vollbracht.

Nun kennst du die ThetaHealing-Werkzeuge, die dir helfen, die Liebe zu finden. Wir werden auf die Glaubensarbeit und wie sie dir helfen kann, in Kapitel 4 zurückkommen. Aber lasst uns zuerst schauen, was Liebe wirklich ist.

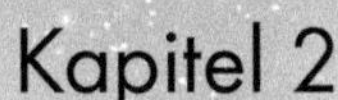

Kapitel 2

DIE EBENEN DER LIEBE

Größtenteils sind unsere Leben mit der Suche nach Liebe in all ihrer Vielfältigkeit gefüllt, insbesondere nach bedingungsloser Liebe. Beispiele dafür finden wir bei uns selbst und bei anderen der Wunsch nach einem Haustier, nach Freunden, Seelenpartnern oder nach eigenen Kindern. Dieses Bedürfnis setzt bei unserer Geburt ein und währt unser Leben lang. Kinder wollen einen „besten Freund". Frauen errichten engverbundene soziale Gruppen mit anderen Frauen. Männer haben „Männerfreundschafts"-Treffen und machen oder schauen Sport zusammen, um Kameradschaft zu erleben. Männer und auch Frauen suchen zudem nach dieser besonderen Liebe.

Die meisten positiven menschlichen Beziehungen sind das Ergebnis dieser Suche. Doch ebenso sind Ärger und Hass mögliche Resultate. Warum? Weil es viele Menschen gibt, denen es schwerfällt, Liebe zu finden. Dies könnte daran liegen, weil sie sich nicht selbst lieben oder weil sie noch nie Liebe erfahren haben und darum nicht verstehen, was es ist, obschon sie instinktiv wissen, dass eine Gefühlsebene in ihrem Leben fehlt.

Als ich ein kleines Mädchen war, haben mich Menschen im Hinblick auf Liebe immer enttäuscht. Ich hatte das Gefühl, dass sie mich nicht lieben konnten, weil sie nicht wussten, wie sie irgendetwas lieben können. Ich hatte vor, *sie* zuerst zu lieben, mit der Absicht, dass sie es so vielleicht erwidern könnten und lernen könnten, wie sie mich lieben. Dann erkannte ich den Grund, weshalb viele Menschen nicht gut oder nett zueinander sein konnten: Weder wussten sie, *wie* sie lieben könnten, noch kannten sie das *Gefühl* der Liebe.

Als Kind glaubte ich zudem, eine andere Person zu lieben, bedeute, nur das Gute in ihr zu sehen und nicht das Schlechte. Dieses Konzept wurde mir später im Leben genommen, als das Gesetz der Wahrheit in der Akasha-Chronik auch die Wahrheit über die Menschen offenbarte. In der Nacht sah ich die tiefsten, dunkelsten Geheimnisse von allen Menschen in meinem Leben. Dies beunruhigte mich so sehr, dass ich mich dazu entschloss, mich in die Berge von Montana zurückziehen zu wollen (was ich gewissermaßen auch tat). Da ich damals nicht das Geld hatte, tatsächlich nach Montana zu ziehen, war ich gezwungen, die Menschen mit ihren Geheimnissen zu konfrontieren. So lernte ich mehr und mehr die wahre Gestalt von bedingungsloser Liebe kennen. Bedingungslose Liebe für Menschen zu empfinden, bedeutet, sie in einem „Christus"- oder „Buddha"-Bewusstsein zu lieben, und also ihre Wahrheit durch den Schöpfer (oder mit Erleuchtung) zu sehen und sie trotzdem zu lieben.

Eine solche Liebe ist wundervoll, aber jemanden bedingungslos zu lieben, bedeutet nicht, dass wir erlauben, dass man uns ausnutzt oder dass wir schwierige Menschen in unser Leben lassen. Die Suche nach Erleuchtung sollte nicht damit verwechselt werden, Missbrauch zu akzeptieren. Sondern das bedeutet einfach nur, dass wir sagen können, bedingungslose Liebe für Menschen zu empfinden. Doch diese Liebe ist mit diesem zusätzlichen Wissen angereichert, dass wir die Fähigkeit haben, stark zu sein und zugleich liebevoll. Nicht jeder passt zu der Schwingung von bedingungsloser Liebe, und Menschen werden in unserem Leben immer wieder versuchen, uns auf ihre Schwingungsebene zu bringen, damit sie sich mit sich selbst wohlfühlen können. Einige Menschen haben eine niedrige Schwingung und suhlen sich in Hass, Ärger, Angst und Groll. Sie „verweilen in Dunkelheit". Diese Menschen werden immer versuchen, andere in ihre Realität herabzuziehen. Aber die, die im Licht sind, müssen dieses nur strahlen lassen, dann werden andere aus eigenem Antrieb zu ihnen kommen.

Nach meiner Erfahrung entstehen negative Programme in Zusammenhang mit bedingungsloser Liebe im Allgemeinen in der Kindheit. Zum Beispiel zeigt eine Mutter ihrem Kind womöglich echte Liebe für einen Moment und schlägt dieses kurz danach gnadenlos. Oder ein Vater drückt gegenüber dem Kind wahre Liebe aus und belästigt es danach sexuell. Derartige Erfahrungen der Schutzlosigkeit, besonders in der Kindheit, bewirken, dass Menschen dann nicht wissen, wie sie bedingungslose Liebe empfangen können.

Wirklich bedingungslose Liebe teilt man am besten mit jemandem, der weiß, was das ist. Ein passender Seelenpartner wird gelernt haben, wie man bedingungslos in einer Beziehung liebt.

Die Liebe zwischen zwei Menschen hat noch immer Bedingungen, unabhängig davon, wie spirituell du entwickelt bist. Wenn dir jemand sagt, er möchte bedingungslos geliebt werden, bedeutet dies im Allgemeinen, dass die Person eine Beziehung ohne Regeln haben möchte. Damit zwei Personen in einer Beziehung leben können, müssen einige Grundregeln bestehen, die beide einhalten. Andernfalls wäre eine Partnerschaft sinnlos.

Viele Menschen sind von Natur aus großzügig und neigen dazu, anderen ihre ganze Zeit zu geben. Darum werden sie Seelenpartner anziehen, die nicht großzügig sind und mehr Energie aus einer Beziehung nehmen als geben. Sei dir sicher, dass du für einen Seelenpartner bereit bist, der dir die Liebe, die du ihm gibst, auch zurückgibt. Stelle immer sicher, dass du Freude und Liebe akzeptieren und empfangen kannst.

Um die Liebe zu finden, die du brauchst, musst du genau definieren, was Liebe für dich bedeutet. Wie bei vielen anderen Themen könnte es sein, dass, so wie du Liebe wahrnimmst, es nicht zu deinem Höchsten und Besten ist. Sei offen die verschiedenen Facetten der Liebe und ihre Bedeutung für dich zu erforschen. Liebe hat viele Ebenen.

DIE EBENEN DER LIEBE

Dies sind die Ebenen der Liebe, im Hinblick auf das Manifestieren von Seelenpartnern:

1. Liebe Gottes

2. Selbstliebe

3. Liebe zwischen zwei Menschen: wahre Liebe

4. Liebe in der Familie

5. Liebe zwischen Freunden

6. Liebe zu der Gemeinschaft, zu allen Geschöpfen Gottes und zum Universum

7. Bedingungslose Liebe

1. Liebe zu Gott

Unsere gesunde Liebe zum Schöpfer ist unverzichtbar und bietet enorme Möglichkeiten. Im Lauf der Geschichte war die Menschheit wieder und wieder bestrebt, Gott wahrzunehmen, der je nach individueller und kultureller Auffassung verschiedene Formen, Gestalten und Ausdrucksweisen angenommen hat. Auch im jetzigen Leben verändert sich unsere Wahrnehmung vom Schöpfer ständig und wächst, die vielen Einflüsse auf individueller Ebene, aus der Gesellschaft, der Religion und in jüngster Zeit aus der modernen Wissenschaft unterliegt.

Dieses Buch deutet Gott als die höchste Sehnsucht von uns allen, dass Licht der Wahrheit, nach dem jeder von uns strebt, in uns selbst hervorzubringen. Und das Licht Gottes übertrifft unsere Unmoral und die menschliche Unbeständigkeit durch liebende Vergebung und Akzeptanz.

Natürlich gibt es diejenigen, die entschieden haben, nicht an Gott zu glauben. Unser begrenztes Verständnis des liebenden Wesens des Schöpfers kann dieses Missverständnis verursachen. Viele Menschen sehen sich auch in einer „wütenden erdrückenden Eltern-Kind-Beziehung" mit Gott. Einige machen Gott für alle Schwierigkeiten ihres Lebens verantwortlich, so wie es auch manche Kinder mit ihren Eltern tun. Dies ist nur eines von vielen Szenarien im Hinblick auf Gott, mit denen wir Menschen wertvolle Energie verschwenden.

Du musst erforschen, wie du dich im Hinblick auf Gott fühlst, da dies auch die Gefühle sind, die du für dich selbst empfindest. Das sage ich, weil ich glaube, dass wir Funken von Gott sind. So werden wir Teile des göttlichen Wesens. Diese Vorstellung zu akzeptieren, lässt uns rücksichtsvoller gegenüber anderen und uns selbst sein.

Deshalb musst du dir selbst vergegenwärtigen, wie du über Gott fühlst und dir deine Überzeugungen im Hinblick auf ihn vor Augen führen. Sobald du negative Glaubenssätze über ihn aufgelöst und ersetzt hast, kannst du voranschreiten und lernen, dich selbst zu lieben.

2. Selbstliebe

Selbstliebe entsteht in dir, wenn du lernst, dich mit dem Schöpfer zu verbinden. Und wenn du dich selbst liebst, vergibst du dir Mängel, die du an dir wahrnimmst. Selbstvergebung ist sehr wichtig, da es mit dem eigenen Wachstum zusammenhängt. Ausgeglichen und in Balance mit deiner inneren Welt zu sein, ist ein wichtiger Schritt auf dem Weg zur Selbstfindung. Dich selbst zu lieben, bedeutet außerdem, dass du anderen nicht erlaubst, dich auszunutzen. Du lernst, zu den Menschen in deinem Leben, die nicht zu deinem Höchsten und Besten sind, „Nein" zu sagen. Auch hier musst du klären, wie du dich im Hinblick auf dich selbst fühlst und was deine tiefsten Überzeugungen über dich selbst sind. Dies sind die ersten zwei Schritte, um deinen passenden Seelenpartner zu manifestieren.

3. Liebe zwischen zwei Menschen: wahre Liebe

Wahre Liebe ereignet sich nicht jeden Tag. Es ist ein wundervolles Geschenk, wenn zwei Menschen einander auf dieselbe Weise lieben. Wahre Liebe ist kostbar und nur schwer ersetzbar. Du kannst nie dieselbe wahre Liebe in einer anderen Person finden. Das ist ein Irrtum. Wahre Liebe ist kostbar und einzigartig, also behandle sie auch so.

Dieses Buch ist der wahren Liebe gewidmet, sie ist sein zentrales Thema.

4. Liebe zur Familie

Die Liebe in der Familie ist gesichert, wenn wir unsere Eltern, unsere Geschwister und unsere Kinder lieben. Für einige Heiler ist die Liebe zur Familie schwierig, denn obwohl sie ihre Kinder leicht lieben können, unterscheiden sie sich manchmal so sehr von ihren eigenen Geschwistern, dass sie Schwierigkeiten haben, diese zu mögen oder zu lieben. Möglicherweise *magst* du deine Schwester nicht, aber es ist wichtig, dich daran zu erinnern, dass du sie liebst, oder du magst deine Schwester, aber es fällt dir womöglich schwer, sie zu *lieben*. Für einige Heiler kann bedingungslose Liebe für einen Fremden leichter sein als die Liebe für ihre eigene Familie, wegen des Wettbewerbs unter Geschwistern und des Missbrauchs aus der Kindheit.

Geschwister mögen und lieben zu lernen und Differenzen mit ihnen abzulegen, ist wichtig, um fähig zu sein, die zu lieben, die nicht deine Geschwister sind. Viele Menschen benötigen ihr gesamtes Leben, um diese Themen mit ihren Familien auszugleichen, und die meisten lösen sie erst spät im Leben.

5. Liebe zu Freunden

Die Liebe zu Freunden entsteht, wenn du Beziehungen mit treuen Freunden schaffst. Dies sind Menschen, die du lieben kannst, die du unterstützen und mit denen du kommunizieren kannst. Freunde zu lieben, ist auch eine Möglichkeit, emotional zu deinen spirituellen Zielen voranzuschreiten.

6. Liebe zur Gesellschaft, zu allen Geschöpfen Gottes und zum Universum

Liebe zur Gesellschaft empfindest du, wenn du die Menschen in deiner Gegend liebst und diejenigen, die deiner Kultur angehören. Dies kann diejenigen aus deiner Religion miteinschließen sowie die deiner ethnischen Herkunft. Für die spirituelle Entwicklung müssen wir die Fähigkeit haben, die Menschen der Welt insgesamt zu lieben. Diese Liebe kann sich dann ausdehnen und sämtliche Geschöpfe der Welt und Kreaturen anderer Planeten und schließlich das ganze Universum umfassen.

7. Bedingungslose Liebe

Bedingungslose Liebe bedeutet, die Wahrheit in jedem zu erblicken und ihn trotzdem zu lieben.

Um spirituell voranzukommen, ist es wichtig, all diese Arten der Liebe auszugleichen und Frieden zu erreichen, bevor wir diese Ebene verlassen.

Um deine eigenen Glaubenssätze im Hinblick auf Liebe zu entdecken, versuche die folgende Übung:

GLAUBENSSÄTZE IM HINBLICK AUF LIEBE

Wenn du eine Beziehung wünschst, in der die andere Person dich lieben und schätzen wird, erinnere dich daran, dass du wissen musst, wie du diese Liebe zurückgibst. Teste also, ob du sowohl lieben als auch geliebt werden kannst

- Mache den Muskeltest für das Programm: „Um geliebt zu sein, muss ich von anderen gebraucht werden."

- Wenn dieser Test ein positives Resultat hat, bestätige dir selbst erneut:

    „Ich weiß, wie ich Gleichgewicht in der Liebe habe."

    „Ich liebe mich selbst."

    „Es ist sicher, geliebt zu sein."

    „Ich liebe Gott, und Gott liebt mich."

- Mache den Muskeltest für die nachfolgenden Programme:

    „Ich glaube, ich kann von einer anderen Person geliebt werden."

    „Ich kann die Liebe einer anderen Person empfangen."

    „Da draußen gibt es niemanden für mich."

    „Ich weiß, wie ich die Liebe, die mir gegeben wird, erwidere."

- Schaue, ob du verstehst, wie es sich anfühlt, von Menschen umgeben zu sein, die du lieben und deren Liebe du erwidern kannst – intelligente, erhebende Individuen, die deinen Geist erbauen und dir helfen aufzusteigen und für die du dasselbe machen würdest.

- Mache den Download, wie sich dies anfühlt, mit folgender Anweisung:

„Schöpfer von Allem was Ist, es ist angewiesen,
dass ich verstehe, wie es sich anfühlt
von Menschen, die ich liebe, umgeben zu sein."

- Schaue, ob du die Definition des Schöpfers verstehst, wie es sich anfühlt, von intelligenten, erhebenden Individuen umgeben zu sein, die deinen Geist aufbauen und dir helfen aufzusteigen und für die du dasselbe machen würdest.

- Bringe das Gefühl und das Wissen der Liebe des Schöpfers auf jede Ebene – körperlich, mental, emotional und spirituell – indem du diese Gefühle von Liebe vom Schöpfer herunterlädst:

„Ich kenne die Definition des Schöpfers von Liebe."

„Ich kenne die Definition des Schöpfers der Liebe
zu meinem menschlichen Körper."

„Ich weiß, wie es sich anfühlt, jemandem zu erlauben,
mich zu lieben."

„Ich weiß, wie es sich anfühlt, Urteilsvermögen und Liebe
zu haben."

„Ich kenne die Definition des Schöpfers von Ehe."

„Ich kenne die Definition des Schöpfers von Intimität."

„Ich kenne die Definition des Schöpfers einem Seelenpartner zu vertrauen."

„Ich kenne die Definition des Schöpfers einen Seelenpartner zu lieben."

„Ich weiß, dass es möglich ist, sich der Liebe eines passenden Seelenpartners wert zu sein."

„Ich weiß, dass ich es wert bin, einen passenden Seelenpartner zu haben."

„Ich weiß, wie ich mein Leben lebe, ohne unnötig eifersüchtig zu sein."

Diese Downloads solltest du auch deinem Partner oder deiner Partnerin anbieten, um ihnen zu helfen, passender für dich zu sein.

Kapitel 3

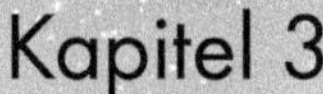

EIN RATGEBER ZU SEELENPARTNERN

Wir sind auch in diese Inkarnation gekommen, um alle Arten der Liebe zu verstehen – um die Tugend der Liebe zu meistern. Eine Form ist die vollständige Liebe eines Partners, also eine Beziehung, in der wir lernen, wie wir eine andere Person innig und vollständig lieben. Um dies zu tun, brauchen wir die richtige Art des Seelenpartners.

Also, was genau ist ein Seelenpartner? Darüber gibt es verschiedene Ideen.

Für die meisten Menschen ist ein Seelenpartner jemand, den sie aus einer anderen Zeit und von einem anderen Ort kennen, möglicherweise aus einem vergangenen Leben. In diesem vergangenen Leben entstand eine tiefe emotionale Verbundenheit, die das Körperliche übertrifft. Die Erinnerung an diese Verbundenheit überstand den Reinigungsprozess des Todes und wurde in dieses Leben wieder hineingeboren. Manche Menschen glauben, dass ein Seelenpartner jemand ist, den wir zu einer anderen Zeit an einem anderen Ort geliebt haben.

Es gibt derartige Seelenpartnerbeziehungen. Wir wurden alle aus vergangenen Leben oder, präziser formuliert, aus *Vor-Existenzen* reinkarniert. Einige von uns haben eine schwache Erinnerung an das vergangene Leben. Wir treffen womöglich unseren Seelenpartner und erkennen, dass wir noch immer in die Person verliebt sind. Womöglich können wir uns nicht daran erinnern, was in der Vergangenheit alles passiert ist, aber die Gefühle der Liebe stellen sich umgehend ein und sind tief.

Es gibt verschiedene Glaubenssysteme, die gemeinsame Themen über wiedergeborene Liebende teilen. Die Hindu-Religion ist eine davon, aber es gibt auch andere, die sind vor den Blicken der westlichen Kultur raffinierter versteckt.

Wenn wir jemanden sofort erkennen, können wir ihn auch aus der Geisterwelt kennen, oder die Person, wie manche sagen, „mit einer Bestimmung vom Himmel geschickt".

Ebenfalls ist eine Vereinigung von Seelen nicht unbedingt eine Wiedervereinigung von Geistern aus vergangenen Zeiten. Brandneue spirituelle Seelenpartnerverbindungen entstehen auch in der Gegenwart, und die Energie dieser Vereinigung leuchtet und gibt anderen Hoffnung auf genauso eine Wiedervereinigung der Geister. Menschen in einer solchen Verbindung zeigt sich der Seelenpartner als jemand, den sie gerade jetzt in ihrem Leben erträumen, ohne mit ihrem vergangenen Leben beschäftigt zu sein.

Ich glaube, ein Seelenpartner kann jemand sein, der durch seine Gesinnung, Persönlichkeit, spirituelle und körperliche Form für uns aus irgendwelchen Gründen passend ist. Dieses Passendsein hat möglicherweise nichts mit vergangenen Leben zu tun, sondern alles mit der körperlichen, mentalen, emotionalen und spirituellen Anziehung, welche im ersten Moment entfacht wurde.

Dieses Konzept entfernt uns von dem viel spirituelleren Aspekt der Wiedergeburt, den einige Menschen unbrauchbar finden. Von Natur aus wollen viele Menschen einfach mit jemandem eine sinnvolle Beziehung eingehen, die das ganze Leben währt. Warum sie das Bedürfnis nach einer solchen Beziehung haben, ist unwichtig für sie, auch versuchen sie es nicht mit spirituellen Ausdrücken zu erklären. Ihnen ist wichtig, diese besondere Person zu finden, mit der sie sich sicher und geborgen fühlen. Auch wenn du zu diesem Typus gehörst, kannst du trotzdem von diesem Buch profitieren, da du dich womöglich selber daran hinderst, dich vollständig zu erkennen.

Für sehr viele Menschen scheint es zu viel zu sein, die Welt um einen göttlichen Partner zu bitten. Sie glauben, das sei unerreichbar – und begnügen sich damit. Andere (die analytischer sind) wird der Ausdruck „Seelenpartner" verwirren. Sie wissen nicht, was dieser Ausdruck bedeutet, da diese Dimension über ihre Erfahrungen hinausgeht.

Was ist aber, wenn du viele verschiedene Seelenpartner da draußen in der Welt hast? Was, wenn jeder einzelne dieser Seelenpartner durch seine Natur jemand ist, in den du dich verlieben könntest? Du sagst möglicherweise, dass viele von uns sich mehr als einmal verlieben, und das ist auch so. Viele von uns wollen mit dieser einen besonderen Person zusammen sein, stellen aber fest, dass sie sich in ihrem Leben mehr als einmal intensiv verlieben.

Ich glaube, dieses Gefühl im Hinblick auf eine „besondere Person" ist richtig, aber ich glaube auch, dass wir uns mehr als einmal verlieben, weil wir mehr als einen Seelenpartner haben. Wir müssen diese vorübergehenden Seelenpartner nicht notwendigerweise aus einem vergangenen Leben kennen. Es könnte jemand sein, der uns durch seine Natur etwas beibringen kann, womöglich jemand, zu dem wir uns hingezogen fühlen, weil wir mehr negative als positive Überzeugungen mit ihm teilen. Ich nenne diese Art Seelenpartner „spirituelle Karotten" die uns zum Richtigen führen. Dies basiert auf dem Bild von einem Jungen, der auf einem Eselkarren sitzt und einen langen Stab hält, an dessen Ende eine Karotte baumelt, unerreichbar für den Esel. Indem sich der Esel nach vorn bewegt um nach der Karotte zu schnappen, zieht er den Wagen. Genauso bringt uns ein vorübergehender Seelenpartner vorwärts zu einem passenden.

Dies könnten Gründe dafür sein, dass andere sich von uns angezogen fühlen und warum es so wichtig ist, Glaubensarbeit an uns selbst zu machen. So bereiten wir uns auf unseren göttlichen Lebenspartner/ Seelenpartner vor.

Wie können wir diese Typen von Seelenpartnern unterscheiden? Ich habe festgestellt, dass es sieben wichtige Einstufungen von Seelenpartnern gibt und eine Gruppe, die Seelenfamilie heißt.

SEELENFAMILIEN-MITGLIEDER

Seelenfamilien und Seelenpartner sind Menschen, deren Seele wir von anderen Orten und Zeiten kennen. Es scheint, als ob wir sie kennen und ihre Gedanken einfach lesen können. Der Unterschied zwischen einer Seelenfamilie und einem Seelenpartner ist, dass ein Seelenfamilien-Mitglied mit dir auf einer spirituellen Ebene verwandt ist und ein Seelenpartner nicht.

Eine Seelenfamilie ist genau das, wonach es sich anhört: Die spirituelle Familie, zu der wir gehörten, bevor wir unsere gegenwärtige Inkarnation erlangten. Meines Erachtens haben wir schon viele Ebenen der Existenz erfahren vor diesem Leben, und eine dieser Existenzen war, als wir einer Seelenfamilie auf der Fünften Ebene angehörten.

Seelenfamilien-Mitglieder kommen als Individuen herunter, um Teil einer körperlichen Familie auf diesem Planeten zu sein, mit Missionen, den Planeten zu heilen oder Tugenden zu sammeln, aber irgendwie vergessen sie nie die spirituelle Familie, die sie zurückgelassen haben. Hattest du je das Gefühl, in der falschen Familie zu sein und dass es eine andere gibt, zu der du wirklich gehörst? Dies könnte der Grund sein, warum du diese Gefühle hast.

Seelenfamilien haben die Tendenz, gemeinsam in verschiedenen Inkarnationen durch die Zeit zu reisen. Es werden einige Familienmitglieder gleichzeitig inkarnieren und einander dann begegnen. In einigen Fällen bringen sie ihre Gefühle und Erinnerungen in einer Ehe zusammen. Aber da sie Teil derselben Seelenfamilie sind, gibt es keine anhaltende Leidenschaft zwischen ihnen. Es ist, ohne es zu wissen, wie eine Heirat zwischen Bruder und Schwester.

ThetaHealing soll Seelenfamilien wieder zusammenbringen, denn diese sind unser ewiges spirituelles Unterstützungssystem, und die einzelnen Mitglieder werden zueinander hingezogen, um die Arbeit des Schöpfers hier auf Erden zu verrichten. Jede Seelenfamilie hat einen Rat der Zwölf, der den Vorsitz führt und den Mitgliedern hilft. Diese Räte werden in den höheren Ebenen der Fünften Ebene gehalten, und viele Meister von der Fünften Ebene sind hier auf Mission und gehen, wenn sie am Schlafen sind, hoch, um daran teilzunehmen. (Mehr dazu findest du in *Ebenen der Existenz*.)

Im Hinblick auf Beziehungen ist der Unterschied zwischen Seelenpartner und einer Seelenfamilie, dass ein Mitglied der Seelenfamilie bestimmte spirituelle Energien hat, die wir schon vorher in einer nicht-sinnlichen und nicht-sexuellen Weise mit brüderlicher oder schwesterlicher Liebe erfahren haben. Wenn du dich also zu jemandem hingezogen fühlst und das Gefühl hast, sehr vertraut mit ihm zu sein, aber erkennst, dass du unpassend für ihn bist, ist es womöglich ein Seelenbruder oder eine Seelenschwester oder auch ein Seelenfreund.

Ein Seelenpartner ist anders, da sinnliche und sexuelle Anziehung zwischen ihnen existiert und ebenso mentaler und spiritueller Magnetismus. Einige Seelenpartner waren schon durch viele Ebenen der Existenz hindurch in leidenschaftlicher Liebe miteinander verbunden. Durch die Zeiten entstand anhaltende Leidenschaft zwischen ihnen.

SEELENPARTNER

Die sieben Arten von Seelenpartnern sind

1. Die Zwillingsseele

    Eine Zwillingsseele ist jemand, der genauso ist wie du.

2. **Der unpassende Seelenpartner**

    Ein unpassender Seelenpartner ist eine Seele, die du von früher kennst. Dadurch empfindest du emotionale und körperliche Anziehung. Nichtsdestominder passen sie nicht zu dir.

3. **Der „ungeschliffene Diamant"-Seelenpartner**

    Dies ist ein Seelenpartner, der zu dir passen könnte, den du jedoch getroffen hast, bevor er für die Beziehung weit genug entwickelt war.

4. **Der Seelenpartner mit unerledigten Dingen**

    Dies sind Seelenpartner, die unerledigte Dinge von Beziehungen aus vergangenen Leben mit sich tragen. Sie haben die Möglichkeit, einander erneut zu treffen und das Karma zwischen ihnen zu lösen.

5. **Der passende Seelenpartner**

    Dies sind Seelenpartner, die gegenwärtig perfekt sind, jedoch möglicherweise auseinander wachsen.

6. **Der passende Lebensseelenpartner**

    Dies sind passende Seelenpartner mit einer zusätzlichen spirituellen Verbindung.

7. **Der göttliche Lebenspartner-Seelenpartner**

    Ein göttlicher Lebenspartner-Seelenpartner teilt den göttlichen Zeitplan mit dir – deine Mission in diesem Leben auf dieser Erde.

Lass uns diese Seelenpartner genauer anschauen.

1. Die Zwillingsseele

Einige Menschen sind ungenau, wenn sie nach einem Seelenpartner schauen und bitten den Schöpfer um eine Zwillingsseele. Eine Zwillingsseele ist jemand, der genau wie du ist, und dies verursacht womöglich Reibung zwischen euch. Vielleicht sind sie auch ein Spiegel von dir, vor 20 Jahren, mit der Reife eines 18-jährigen. Dies führt höchstwahrscheinlich nicht zu einer langfristigen Bindung zwischen euch. Eine Zwillingsseele bleibt meist nur für kurze Zeit in unserem Leben.

2. Der unpassende Seelenpartner

Ein unpassender Seelenpartner ist dir von einem anderen Ort oder aus einer anderen Zeit bekannt. Es ist einfach, sich in einen solchen Seelenpartner zu verlieben, da du dich daran erinnerst, wie sehr ihr euch früher geliebt habt. Nichtsdestominder habt ihr beide nun unterschiedliche Schwingungen und passt nicht länger zueinander.

Ein unpassender Seelenpartner kann jedoch eine ‚Karotte' sein, die dich zu deinem passenden Seelenpartner führt, indem diese dir die Eigenschaften zeigt, die du an einem Seelenpartner wünschst. Das Universum benutzt jemanden, der dir hilft, aus einer schwierigen Situation eine bessere zu erreichen.

3. Der „ungeschliffene Diamant"-Seelenpartner

Ein ungeschliffener Diamant ist ein Seelenpartner, der alle

Qualifikationen hätte, ein wirklich passender Seelenpartner zu sein. Jedoch ist er noch nicht völlig entwickelt.

Wenn du deinem Seelenpartner begegnest, bevor er vollständig entwickelt ist, bedeutet es wie bei einem ungeschliffenen Diamanten, dass noch einige Arbeit erforderlich ist, um dessen Klarheit, Qualität und Glanz hervorzubringen. Deswegen musst du das Universum bitten: „Wann wird mein Seelenpartner für mich bereit sein?" Diese Frage ist insbesondere wichtig, wenn du um deinen göttlichen Seelenpartner bittest.

Hätte ich Guy 10 Jahre früher kennengelernt, wäre keiner von uns bereit für die Beziehung gewesen. Guy war auch 5 Jahre, bevor wir uns getroffen hatten, noch nicht bereit für mich. Ich bin mir nicht einmal sicher, ob er ganz bereit für mich war, als wir uns dann schließlich getroffen haben. Er war mein ungeschliffener Diamant, und glaube mir, er war noch wirklich roh. Er war jahrelang auf der Ranch und ging nur in die Stadt, wenn es absolut nötig war. Er wusste nicht, wie man in normaler Lautstärke sprach. Denn sein Vater war schwerhörig, und er musste laut sprechen, um von diesem verstanden zu werden. Der Mann, der heute vor der Klasse steht, musste erst lernen, seine Stimme zu modulieren, und dafür benötigte er Jahre. Ich sagte ihm: „Guy, du erschreckst die Damen im Seminar." Er konnte auch nicht ruhig sitzen, da er schwere Arbeit gewohnt war. Emotional waren wir füreinander bereit, aber nur gerade so.

Also habe Geduld. Was wäre, wenn das Universum die Entwicklung deines Seelenpartners unterstützt, damit er bereit für dich ist, wenn du ihn triffst? Vielleicht möchtest du ihn jetzt treffen, aber ihn zu treffen, bevor er bereit ist, bedeutet nur, dass ihr noch unpassend füreinander sein werdet. Vielleicht ist dein Seelenpartner wie ein Kuchen, der im Ofen gebacken wird. Wenn du ihn zu früh hinausnimmst, wird er zusammenfallen.

Viele von uns sind so mächtig in unseren Manifestationen, dass wir aus Arroganz und Ungeduld unseren Seelenpartner zu uns bringen, bevor er tatsächlich bereit ist. Eine Freundin von mir manifestierte ihren Seelenpartner, jedoch gab es ein erhebliches Problem – er befand sich mitten in der Scheidung. Also musste sie die emotionalen Dramen eines Mannes, der durch die Scheidung ging, erleben. Solche Situationen sind nicht förderlich für Beziehungen.

4. Der Seelenpartner mit unerledigten Dingen

Ein *Meister* ist ein spirituelles Wesen das über verschiedene Leben ausreichend Tugenden erworben hat, um über diese dreidimensionale Realität hinauszugehen in das, was ich die Fünfte Ebene der Existenz nenne. Wenn ein Meister irgendwann in diese dreidimensionale Realität zurückkehrt, ist er als *aufgestiegener Meister* bekannt. Viele aufgestiegene Meister kehren gegenwärtig auf diese Erde zurück, bewohnen einen menschlichen Körper und unterrichten die *Kinder der Meister*, die auf diesem Planeten leben. In der Regel kommen sie hierher zurück mit der Mission der Menschheit zu helfen.

Da aufgestiegene Meister häufig und in verschiedenen Inkarnationen hier waren, haben sie die Möglichkeit, Seelen zu treffen, die sie aus anderen Zeiten und von anderen Orten kennen. Das kann ihre Seelenfamilie auf der Fünften Ebene betreffen oder vergangene Leben.

Wenn die Meister ungelöste Energien mit einer derartigen Seele haben, können sie, wenn sie einander wiedertreffen, diese Energien und Themen miteinander klären. Wenn ein Meister jemanden trifft und dieses Gefühl hat, Unerledigtes existiere zwischen ihnen, muss er das jedoch nicht zwingend klären. Das geschieht freiwillig und muss auch von der anderen Person geklärt werden.

Kinder der Meister, die den Rest der Seelenbevölkerung der Erde ausmachen, wurden an diesen Ort geschickt, um zu lernen und zu wachsen. Sie sind dreidimensionale Wesen und leben viele Leben, um das Karma negativer Leben aufzulösen. Sie haben möglicherweise auch unerledigte Dinge aus Beziehungen von vergangenen Leben. Dann bietet sich ihnen die Möglichkeit, die Person im nächsten Leben wiederzutreffen, um das Karma zwischen ihnen auszurichten. Oftmals gehen Menschen Beziehungen ein, um Karma zu berichtigen. Sobald es geklärt ist, wachsen sie über diese Beziehung hinaus und schreiten voran.

Dies erklärt, warum einige von uns mehr als einen Seelenpartner im Leben haben. Ich war beispielsweise vier Mal verheiratet. (Ja, ich habe einen Ehemann für jede Himmelsrichtung!) Mitunter war dies, weil mich auf einer höheren Ebene aus einer anderen Zeit und Ort ungelöste Energien mit ihnen verbanden. Dies bedeutet nicht zwingend, dass es nur unerledigte Dinge auf meiner Seite gab, womöglich war es eher auf der Seite der anderen Person.

Ich ließ mich von drei Männern auch deshalb wieder scheiden, weil diese ungeklärten Energien zwischen uns aufgelöst wurden. Zudem traten diese Menschen in mein Leben, da jede Erfahrung im Leben zählt, mitunter auch auf Ebenen, die wir vielleicht auf Anhieb nicht vollständig verstehen. Jeder von ihnen lehrte mich Dinge über mich selbst, die mir auf eine höhere Bewusstseinsstufe halfen. Ungeachtet der jeweiligen Schwierigkeiten in diesen Beziehungen halfen sie mir auf jeweils eigene Weise, als spirituelle Person zu erwachen.

5. Der passende Seelenpartner

Ein passender Seelenpartner ist jemand, der dich liebt und versteht. Er passt zu deiner Persönlichkeit, aber das bedeutet nicht, dass es leicht ist, mit ihm zusammen zu sein. Insbesondere Heiler scheinen nie zu anderen zu passen, die zu „einfach" sind, denn offenbar sind sie leicht gelangweilt. Sie benötigen jemanden, der sich auf sie einlässt, mit ihnen spricht und interagiert und sie stimuliert.

Ein passender Seelenpartner passt zu dir, so wie du jetzt bist. Er passt zu deiner Schwingung, die du in diesem Moment deines Lebens hast. Das ist gut, aber womöglich wächst du spirituell sprunghaft, darum solltest du vielleicht um jemanden bitten, der mit dir wächst – einen passenden Lebensseelenpartner.

6. Der passende Lebensseelenpartner

Ein passender Lebensseelenpartner oder ein solcher Lebenspartner wird mit dir durchs Leben gehen, und ihr werdet spirituell und mental gemeinsam wachsen. Er teilt mehr positive als negative Glaubenssätze mit dir und ist durch diese von dir angezogen. Er ermutigt dein Wachstum als Person.

Eines der Ziele, das wir als Seele in dieser Existenz haben, ist es, einen Lebenspartner zu finden, um mit dieser besonderen Person, die uns von Existenz zu Existenz folgt, wahre Liebe zu realisieren.

Passende Lebensseelenpartner empfinden tiefe und besondere Liebe füreinander und passen vom Temperament zu einander. Es kann sein, dass einige ihrer Interessen sich unterscheiden, aber ihre Verbindung ist göttlicher Natur.

Eine Verbindung von zwei Menschen, die harmonisch in ihrer Stimmung, ihren Ansichten, Sensibilität füreinander und für die Welt um sie herum sind, erschafft eine angenehme Energie, die rührend und über dieses Leben hinaus anhaltend ist.

Ich glaube, dass ein passender Lebensseelenpartner jemand ist, der dich aus irgendeinem unerklärlichen Grund ganz und vollständig kennt, auf eine Weise, die Worte kaum beschreiben können. So sollte dein Seelenpartner meines Erachtens im Verhältnis zu dir beschaffen sein. Wenn du ihn triffst, erkennst du ihn augenblicklich als jemanden, den du schon von irgendwo her kennst, aber du weißt nicht, warum. Es ist ein Gefühl von Déjà-vu, als ob du diese Situation zuvor schon erlebt hättest. Du magst die Art der Bewegungen dieser Person und erkennst die Energie, die aus ihren Augen strahlt. Sie scheint aus einem anderen Ort und einer anderen Zeit zu kommen. Zusammen mit dieser Seelen-Wiedererkennung erlebst du eine starke und intensive Anziehung. Diese spirituellen Gefühle sind nicht leicht im geschriebenen Wort zu erklären.

In einer Seelenpartnerbeziehung geht es um die Energie einer Person. Wir werden von ihrer Energie und von ihrem Aussehen wie von einem Magneten angezogen. Die Seele ist von Natur aus magnetisch ausgerichtet, ähnlich dem magnetischen Feld der Erde. Wir sind eine kleine Welt in uns selbst und sind magnetisch angezogen von denen, die die entgegengesetzte Polarität haben, nicht nur (üblicherweise) durch ihr Geschlecht, sondern auch durch ihre Schwingung. Wenn du einen Seelenpartner manifestierst, solltest du von einer Energie angezogen sein, die gleich oder gar ein wenig höher als deine eigene ist.

Sei sehr vorsichtig, wenn du um einen Seelenpartner bittest. Du solltest genau wissen, was du möchtest, sodass du die Person erkennst, wenn du sie findest (mehr hier zu später) und frage immer nach jemandem, der zu dir passt.

Es wird nicht jemand sein, der in jeder Hinsicht perfekt für dich ist. Jede Beziehung ist eine Energie, die Stimulation erfordert, damit ein Geben und Nehmen entsteht, das sie am Leben erhält. Das ist ein weiterer Grund, warum du dich auf einen Seelenpartner, der in dein Leben kommt, vorbereiten solltest.

Es gibt einen richtigen Weg, deinen passenden Lebenspartner zu finden. Du musst ihm erlauben, dich zu finden, und dem Universum erlauben, dir zu dienen. Ich weiß, dass viele Menschen ihre Seelenpartner nicht finden können, weil sie einfach zu angestrengt nach ihm suchen.

Wenn du dich selbst wahrhaftig kennst und liebst, bist du bereit für einen passenden Lebens-Seelenpartner, aber das bedeutet nicht, dass der Partner für dich bereit ist. Wir entwickeln uns alle in unterschiedlichem Tempo. Nichtsdestominder glaube ich, dass es da draußen für jeden jemanden gibt.

Unmittelbar bevor du deinen ideal zu dir passenden Lebenspartner findest, wird dich ein Gefühl der Einsamkeit durchdringen: ein guter Anhaltspunkt dafür, dass die besondere Person in der Nähe ist.

Aber erinnere dich, dass jeder Seelenpartner, sogar ein passender, dich nur ergänzt. Niemand kann dich vollständig machen, du musst selbst vollständig sein. Wenn du nicht ganz und gar du selbst bist, hast du wenig, was du in eine Beziehung einbringen könntest.

7. Der göttliche Lebenspartner-Seelenpartner

Der göttliche Lebens-Seelenpartner oder göttliche Seelenpartner ist mehr als ein passender Seelenpartner. Dies ist jemand, der diese Existenz bereits gemeistert hat und ihren göttlichen Zeitplan (Divine Timing), ihre Mission in dieser Inkarnation mit seinem Partner teilt. Meine gegenwärtige Seelenpartner-Beziehung ist eine Verbindung mit meinem göttlichen Lebenspartner. Ich sage dies, da er meine Vision mit mir teilt und dasselbe Divine Timing hat wie ich. Dies bedeutet auch, dass er nicht in meinen göttlichen Zeitplan eingreift.

Jeder auf dieser Dritten Ebene hat ein Divine Timing, eine Bestimmung für jedes Leben. Um dies zu erreichen, sind wir hierhergekommen. Viele von uns sind gekommen, um Tugenden zu meistern, und andere von uns sind gekommen, um den Lauf der Evolution des Planeten auf bestimmte Weise zu verändern.

Ein Kind der Meister meistert im allgemeinen verschiedene Tugenden in einem Leben und trägt sie ins nächste, in einer fortwährenden Spirale des Lernens, von Leben zu leben, bis sie auf die Fünfte Ebene aufsteigen und der dritten Dimension entfliehen.

Das Divine Timing eines Meisters ist anders, da sie hier sind, um das Bewusstsein der Kinder zu heben. Jeder von ihnen ist hier, um das Bewusstsein von 10 bis 15 Kindern zu stimulieren, die dann vorangehen, um das Bewusstsein von Millionen zu verändern.

Einige Menschen können ihre Mission, ihren göttlichen Zeitplan, selbst vollenden. Aber viele von uns haben das Gefühl, dass wir nicht alleine sein möchten. Weißt du warum? Wir waren nicht dazu bestimmt, unsere Mission alleine zu erfüllen. Wir sollten sie mit der Hilfe und Unterstützung von einer besonderen Person erreichen. Also besteht ein Teil unserer Mission darin, zu lernen, wie wir unsere Liebe einer Person vollständig geben.

Viele Meister haben einen göttlichen Lebenspartner, der ihnen hilft, ihre Bestimmung im Leben zu erreichen. Einige haben sich damit einverstanden erklärt, etwas Besonderes in diesem Leben zu machen. Für diese Menschen ist das die Lebensgrundlage. Kommt jemand ihrer Mission in den Weg, wird er aus dem Weg geschafft. Dies betrifft auch Seelenpartner, die ihre Vision nicht teilen.

Die meisten Menschen spiritueller Natur schauen nicht nach einem passenden Lebens-Seelenpartner, sondern nach jemandem, der ihren göttlichen Zeitplan mit ihnen teilt. Offensichtlich ist dies eine besondere Person. Manchmal kann es knifflig sein, sie zu finden. Aber wenn zwei Seelen als Fünfte-Ebenen-Wesen zusammen waren, dann suchen sie einander auch in ihrer menschlichen Inkarnation. Sie forschen nach einer besonderen Energie-Signatur. Offenbar wissen sie, wie die Person aussieht. Wenn sie denselben Weg teilen, ist es nahezu unvermeidlich, dass sie einander treffen.

Ich weiß, dass Guy und ich einander zugeteilt wurden und dieselbe Mission teilen. Ich glaube, als wir uns trafen, öffneten sich die

Himmel, und wir erinnerten uns aneinander und verliebten uns aufs Neue. Ich glaube auch, dass Feen oder Engel in den Himmeln über uns wachen, sodass wir unser Divine Timing erfüllen können. Jedes Mal, wenn wir uns streiten, geht der Alarm los und sagt den Feen, dass es Zeit ist die Himmel zu öffnen, um uns wieder mit Liebesstaub zu bestreuen, und dann vergessen wir, worüber wir gestritten haben. Ich glaube, wenn wir von diesem Leben weitergehen, werden wir herausfinden, wie oft wir „bestreut" wurden – wahrscheinlich Hunderte von Malen.

Kapitel 4

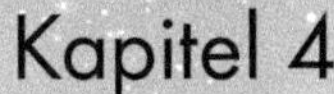

SEELENPARTNER GLAUBENSARBEIT

Einst war eine sehr schöne Frau bei einem meiner Readings und klagte, kein Mann wolle sie je haben, denn sie sei Mutter von fünf Kindern: „Wer hätte gerne die Verantwortung für fünf Kinder?"

Beim nächsten Reading am selben Tag war der Klient ein gutaussehender Mann, der sich über sein Leben beschwerte. Er sagte mir: „Ich habe mein ganzes Leben damit verbracht, finanziell unabhängig zu werden und habe die Freude einer Familie verpasst. Ich brauche eine nette Frau mit Kinder, die möglicherweise noch weitere bekommen mag. Kannst du mir sagen, wie ich sie finden kann?"

Ich dachte bei mir, die, die gerade zur Türe hinausgelaufen ist.

Beide hatten das, was die andere Person wollte, sie konnten einander jedoch nicht treffen, da sie glaubten, eine derartige Person existiere nicht. Wenn du denkst, dass es unmöglich ist, einen Seelenpartner zu finden, könnte diese besondere Person direkt vor dir stehen. Aber stets verfehlst du sie wegen deiner *Überzeugungen*.

Glaubensarbeit fing sich an zu entwickeln, als Guy und ich zusammenkamen. Durch die Themen, die zwischen uns entstanden, nutzten wir sie zum Teil dazu, eine erfolgreiche Beziehung haben zu können. Sie hat meine Ehe viele Male gerettet, da ich trotz meiner Ehen eigentlich nicht wusste, wie es ist, verheiratet zu sein.

Dies lag zum Teil an den ziemlich traumatischen Situationen, in welchen ich in meinen vergangenen Beziehungen gelebt hatte. Ich mochte die Idee von der Ehe, wusste aber nicht, wie ich Liebe annehmen konnte. Dadurch konnten die Menschen, mit denen ich eine Beziehung führte, meinen Erwartungen nicht genügen. Als ich mir den Download machte, wie es sich anfühlt, die Liebe eines Mannes zu empfangen, erkannte ich, dass jeder der Männer in meinem Leben mich geliebt hatte, ich jedoch unfähig war, ihre Liebe anzunehmen.

Ich denke, dies lag daran, dass ihr Verhalten mir gegenüber nicht das war, was ich erwartet hatte. Eine der größten Herausforderungen in Beziehungen ist, dass wir der anderen Person nicht sagen, was wir von ihr erhoffen. Wir erwarten stillschweigend, dass sie unsere Wünsche kennen und dementsprechend handeln. Doch natürlich wissen sie dies nicht.

Viele von uns haben womöglich tiefliegende Programme und Glaubenssätze, die das Finden unseres Seelenpartners unterlaufen. Dies bedeutet, wir suchen immer nach einem Seelenpartner, manifestieren ihn jedoch nie, da wir uns unterbewusst selbst daran hindern, jemals jemanden zu finden.

Ein weiteres Szenario ist, dass wir einen Seelenpartner finden, aber nicht mit ihm leben möchten. Weißt du, wie schwierig es ist mit einer Person zusammenzuleben, insbesondere, wenn du schon länger allein gelebt hast? Sie werden sich ihren Hintern kratzen und rülpsen, wenn sie essen.

Wenn du versteckte Programme hast und mit jemandem in einer Beziehung lebst, ist es womöglich schwierig, eine erfolgreiche Beziehung zu halten, da du die Person bekämpfst oder ein Szenario erschaffst, in dem du sie sabotierst, sodass die Person dir nicht zu nahekommt. Was wäre, wenn du deine Schutzschilde herunterfahren würdest und sie dich dann verließen? Was wäre, wenn sie sterben würden und dich alleine ließen?

Fühle dich nicht schlecht, wenn du diese Gefühle hast. Die meisten Menschen haben sie. Viele Menschen, die nach einem Seelenpartner suchen, ziehen es vor, ihn zu suchen, statt ihn zu finden. Andere haben versteckte Glaubenssysteme, die sie sogar davon abhalten, überhaupt zu suchen.

SEELENPARTNER GLAUBENSSÄTZE

Hier sind einige Glaubenssätze, die du mit dem Muskeltest, im Hinblick auf Sex, Beziehungen, Selbstbild und Seelenpartner testen kannst. Verstehe, dass diese Glaubenssätze ein Grundstein für andere sein können, die du womöglich in deinem Unterbewusstsein versteckt hast. Es könnte sein, dass sich diese Glaubenssätze in einer Glaubensarbeitssitzung zeigen, und dass sie womöglich genetisch sind.

Ersetze die Glaubenssätze, die dir nicht dienen, durch solche, die positiv in ihrer Natur sind. Ersetze zum Beispiel „Ich muss gebraucht werden, um mich geschützt zu fühlen" durch

„Ich bin geschützt". (In Kapitel 1 findest du eine kurze Anleitung zu Glaubens- und Gefühlsarbeit. Für detailliertere Anweisungen schlage in den Büchern *ThetaHealing und ThetaHealing für Fortgeschrittene* nach.)

Oft fängt unser Unterbewusstsein automatisch an, diese alten Glaubenssätze zu verändern, sobald es versteht, dass sie dir nicht dienen.

Sex

Glaubenssätze zum Testen:

- Meine Kraft gehört anderen.

- Ich gehöre anderen.

- Ich muss Sex haben, um mich schön zu fühlen.

- Ich muss auf Sex verzichten, um mich sicher zu fühlen.

- Es ist sicher, meine Emotionen zu zeigen, wenn ich sexuell aktiv bin.

- Sex ist böse – dreckig.

- Ich bin ein sexuelles Opfer.

- Ich muss meinen Körper aufgeben, um andere zu besänftigen.

- Ich nutze meinen Körper, um mich selbst und andere zu verletzen.

- Ich muss mich selbst schneiden, um zu wissen, dass ich mich lebendig fühle.

- Ich kann nur sexuelles Vergnügen empfinden,
  wenn ich verletzt bin.

- Ich muss sexuell erstarrt sein.

- Ich muss sexuell unterwürfig sein.

- Ich muss sexuell dominant sein.

- Ich kann nie sexuell befriedigt werden.

- Ich nutze meinen Körper als Schild gegen Angriffe von anderen.

- Ich muss die ganze Zeit Sex haben.

- Es ist meine Pflicht, Sex zu haben.

- Es ist in Ordnung, beim Sex Emotionen zu zeigen.

- Männer wollen mich nur für Sex.

- Frauen wollen mich nur für Sex.

- Sex ist schlecht.

- Sex ist böse.

- Sex ist Liebe.

- Intimität und Sex sind dasselbe.

- Ich bin ein Opfer.

- Es ist falsch, Sex zu haben.

- Ich kann einen Sexualpartner haben und Gott nahe sein.

- Geliebt zu sein, bringt eine Flut von Hormonen in meinen
  Körper.

- Es ist in Ordnung, sich sinnlich und sexy zu fühlen und trotzdem ein gutes Urteilsvermögen zu haben.

- Ich verdiene einen Seelenpartner.

- Egal, was ich mache, es ist mir unmöglich, meinen Seelenpartner zu finden.

- Ich muss eine Jungfrau sein, damit mich jemand haben möchte.

- Ich bin unrein, weil ich Sex hatte.

Selbstbild

- Ich bin hässlich.

- Ich habe hässliches Haar.

- Ich habe hässliche Zähne.

- Ich habe einen hässlichen Körper.

- Ich bin allein auf dieser Welt.

- Ich bin uninteressant.

- Ich bin zu emotional, um von jemandem verstanden zu sein.

- Ich kenne mich selbst.

- Ich beschwere mich die ganze Zeit.

- Ich weiß, was ich von einem Partner möchte.

- Ich möchte Menschen, die außerhalb meiner Reichweite sind.

- Niemand, den ich mag, fühlt sich zu mir hingezogen.

- Ich fühle mich zu schwierigen Männern hingezogen.

- Ich fühle mich zu schwierigen Frauen hingezogen.

- Männer wollen mich nur wegen meines Geldes.

- Frauen wollen mich nur wegen meines Geldes.

- Ich ziehe Männer an, die mich misshandeln.

- Ich ziehe Frauen an, die mich misshandeln.

- Wilde Frauen sind am interessantesten.

- Wilde Männer sind am interessantesten.

- Nette Frauen langweilen mich.

- Nette Männer langweilen mich.

- Ich langweile mich mit einer Person.

- Leidenschaftliche Menschen sind schwierig.

- Wenn ich in einer Beziehung glücklich bin, werde ich sterben.

- Ich hasse es, mit einem neuen Partner Geld zu teilen.

- Geld ist immer ein Problem.

- Ich muss bei allem, was ich mache, unabhängig sein.

- Es ist sicherer, alleine zu sein.

- Ich bin stärker, wenn ich alleine bin.

- Niemand wird mich sehen.

- Niemand wird mich lieben.

- Wenn ich mich in jemanden verliebe, besitzt er mich.

- Ich bin der Sklave in einer Beziehung.

- Ich bin zwanghaft in einer Beziehung.

- Niemand kann mich genug lieben.

- Ich erdrücke meine Partner.

- Ich bin sehr eifersüchtig in meinen Beziehungen.

- Wenn ich mich verliebe, werde ich mich nie mehr davon erholen.

- Ein Geliebter ist zu anspruchsvoll.

- Ich hasse Intimität.

- Ich verletze jeden, der mich liebt.

- Um Gott nahe zu sein, muss ich alleine sein.

- Ich muss Gewicht verlieren.

- Ich verdiene einen Seelenpartner, der beständig ist.

- Ich muss meinen Partner dominieren.

- Mein romantischer Partner wird versuchen, mich zu kontrollieren.

- Mein romantischer Partner wird versuchen, meine Freunde zu kontrollieren.

- Meine Freunde werden versuchen, meinen Partner zu stehlen.

- Ich fühle mich zu geisteskranken Menschen hingezogen.

- Geisteskranke Menschen fühlen sich zu mir hingezogen.

- Romantische Beziehungen enden in einer Tragödie.

- Meine Beziehungen sind wie die meiner Eltern.

- Meine Beziehungen enden in Scheidung.

- Mein Partner wird mich betrügen.

- Ich werde von unpassenden Menschen angezogen.

- Menschen, die wie mein Vater sind, ziehen mich an

- Menschen, die wie meine Mutter sind, ziehen mich an.

- Menschen, die wie mein Exmann / meine Exfrau sind, ziehen mich an.

- Ich werde von labilen Menschen angezogen.

- Ich bin mit meinen Eltern verheiratet.

- Alle Frauen sind gleich.

- Alle Männer sind gleich.

- Alle Frauen sind Betrüger.

- Alle Männer sind Betrüger.

- Ich hasse das andere Geschlecht.

- Ich hasse Männer.

- Ich hasse Frauen.

- Ich bin männerfeindlich.

- Ich bin frauenfeindlich.

- Ich hasse Beziehungen.

- Ich möchte vermeiden, meine Kinder zu teilen.

- Meine Familie wird meine Beziehung zerstören.

- Meine Kinder werden meine Beziehung zerstören.

- Männer akzeptieren meine Kinder. (wenn du Kinder hast)

- Frauen akzeptieren meine Kinder. (wenn du Kinder hast)

- Meine Gefühle für meine vergangene Beziehung sind noch immer vorhanden.

- Da draußen gibt es niemanden für mich.

- Gute Männer werden zu mir kommen.

- Gute Frauen werden zu mir kommen

- Es gibt ausreichend wundervolle Menschen da draußen.

- Jemand kann mich lieben.

- Ich kann Liebe von einer anderen Person empfangen.

- Schöne Männer sind oberflächlich.

- Schöne Frauen sind oberflächlich.

- Ich bin vollständig ohne meinen Seelenpartner.

Angst

- Ich habe Angst, mein ganzes Sein mit einer anderen Person zu teilen.

- Ich habe Angst, mich gegenüber jemandem zu öffnen.

- Ich habe Angst, mich von jemandem lieben zu lassen.

- Ich habe Angst, zu viel zu geben.

- Ich habe Angst, neu anzufangen.

- Ich bin zu alt, um Liebe zu finden.

- Ich habe Angst, mich um eine andere Person kümmern zu müssen.

- Ich möchte, dass mich mein Seelenpartner für das, was ich bin, liebt.

- Ich habe in einer festen Beziehung etwas zu bieten.

- Ich bin liebenswert.

- Es ist unmöglich, dass mich jemand lieben kann.

- Gott lässt mich im Stich, wenn ich mir Hoffnung mache.

- Ich bestrafe mich selbst für meine Fehler.

- Um in einer Beziehung zu sein muss ich mich selbst aufgeben.

- Ich muss meine Identität aufgeben, um in einer Beziehung zu sein.

Groll

- Ich grolle, dass es unmöglich ist, mit meinem am besten passenden Seelenpartner zusammen zu sein.

- Mein Seelenpartner kam zu spät in mein Leben, und nun bin ich mit jemand anderem zusammen.

- Ich grolle, mit jemand anderem als meinem Seelenpartner zusammen sein zu müssen.

- Ich grolle, alleine sein zu müssen, um meine Lebensaufgabe zu erfüllen.

- Ich grolle, dass es unmöglich ist, mit meinem Seelenpartner zusammen zu sein, weil Seelenpartner eine Lüge sind – da draußen gibt es niemanden für mich.

Tragödie

- Beziehungen enden tragisch.

- Wenn ich jemanden vollständig liebe, gibt es eine Tragödie.

- Wenn ich meinen Seelenpartner finde, gibt es eine Tragödie.

- Wahre Liebe endet in einer Tragödie.

Energetische Scheidung von vergangenen Beziehungen

Viele Menschen haben die versteckte Überzeugung, dass sie mit einer anderen Person verheiratet sind, auch wenn sie sich getrennt haben oder bereits von ihnen geschieden sind. Diese Überzeugung kann tief im Unterbewusstsein liegen, welches noch immer glaubt, dass es das Programm behalten sollte.

Du musst nicht mit einer Person verheiratet gewesen sein, um auf diese Weise tief mit ihr verstrickt zu sein. Viele Menschen klammern sich unterbewusst so stark an Personen, dass sie glauben mit ihnen verheiratet zu sein, auch wenn es keinen bindenden physischen Vertrag oder eine Zeremonie zwischen ihnen gegeben hat.

Du wärst überrascht, wie viele Menschen ihre energetischen Versprechen zu einer vergangenen Liebe noch nicht aufgelöst haben. Mache den Muskeltest für die untenstehenden Glaubenssätze im Hinblick auf die Ehe. Insbesondere, wenn du geschieden bist, solltest du dich testen, ob du dich vom Versprechen gegenüber dem Ex frei fühlst. Teste, um festzustellen, ob du mit deiner Familie, deinem Exfreund/ Exfreundin oder einem Exmann oder einer Exfrau verheiratet bist. Mache in deinem Geist eine Liste von jedem in deinem sozialen Umfeld. Sogar dein Versprechen gegenüber deinen Eltern und Kindern kann vom Unterbewusstsein als Ehegelübde wahrgenommen werden. Diese müssen aufgelöst werden, damit du eine romantische Beziehung in dein Leben bringen kannst.

Schaue dir all deine vergangenen Beziehungen und deine energetische Verstrickung mit ihnen an.

Wenn du positiv testest, dass du mit Gott verheiratet bist, entlasse diese Energie und ersetze sie durch einen gesunden Glauben über Gott und deine Kirche. Du solltest zum Beispiel eine Liebe für Gott und die Kirche fühlen, die trotzdem Raum für einen Seelenpartner lässt.

Nachfolgend findest du Vorschläge, wie du die alten Energien durch Neue ersetzen kannst. Falls diese nicht die richtigen für dich sind, geben sie dir dennoch eine Idee, wie alte Energie ersetzt werden könnte.

- „Ich bin mit Gott verheiratet."
  Ersetzen durch: „Ich bin mit Gott verbunden."

- „Ich bin mit meiner Kirche verheiratet."
  Ersetzen durch: „Ich liebe meine Kirche."

- „Ich bin mit meinem Land [Besitz, Grund und Boden, Zuhause, Farm, etc.] verheiratet. "
  Ersetzen durch: „Ich gebe und erhalte Heilung vom Land."

- „Ich bin mit meinem Haus verheiratet. "
  Ersetzen durch: „Ich besitze mein Haus auf die höchste und beste Weise."

- „Ich bin mit meinen Kindern verheiratet."
  Ersetzen durch: „Ich liebe meine Kinder auf die höchste und beste Weise."

- „Ich bin mit meinen Eltern verheiratet. "
  Ersetzen durch: „Ich liebe meine Eltern auf die höchste
  und beste Weise."

- „Ich bin mit meinem Ex-Mann verheiratet. "
  Ersetzen durch: „Ich bin frei von meinem Ex-Mann."

- „Ich bin mit meiner Ex-Frau verheiratet. "
  Ersetzen durch: „Ich bin frei von meiner Ex-Frau."

- „Ich bin mit meinem Exfreund verheiratet. "
  Ersetzen durch: „Ich bin frei von meinem Exfreund."

- „Ich bin mit meiner Exfreundin verheiratet. "
  Ersetzen durch: „Ich bin frei von meiner Exfreundin."

- „Ich bin mit der magischen Erinnerung an meine
  erste Liebe verheiratet. "
  Ersetzen durch: „Ich kann wieder lieben."

- „Ich bin mit meiner Karriere verheiratet. "
  Ersetzen durch: „Ich verstehe, wie ich in meinem Leben
  auf die höchste und beste Weise Gleichgewicht schaffe."

GEFÜHLE UND DOWNLOADS

Nachfolgend findest du einige vorgeschlagene Gefühle, welche du vom Schöpfer dich selber lehren kannst. Diese Gefühle können verändern, wie du dich im Hinblick auf dich selbst fühlst. So kann das Finden eines Seelenpartners einfacher werden. Gehe mit der Meditation hoch zur Siebten Ebene *(Seite 7)* und bitte für jeden Download.

Angelegenheiten der Intimität

- Ich weiß, wie ich intim bin.

- Ich weiß, wie es sich anfühlt, intim zu sein.

- Ich kenne die Definition des Schöpfers von Intimität.

- Ich weiß, wie ich genährt bin.

- Ich weiß, wie es sich anfühlt, genährt zu sein.

- Ich weiß, wie ich gehört bin.

- Ich weiß, wie es sich anfühlt, gehört zu sein.

- Ich weiß, wie ich meinem Seelenpartner zuhöre.

- Ich weiß, wie es sich anfühlt, meinem Partner zuzuhören.

Beziehungen und Seelenpartner

- Ich weiß, wie es sich anfühlt, mein tägliches Leben zu leben, ohne schikaniert zu werden.

- Ich kenne die Definition des Schöpfers, wie es sich anfühlt, Liebe von einem Seelenpartner zu bekommen und anzunehmen.

- Es ist in Ordnung, mich sexuell sinnlich und sexy zu fühlen und trotzdem ein gutes Urteilsvermögen zu haben.

- Ich kenne die Definition des Schöpfers, wie es sich anfühlt Liebe von einem Seelenpartner anzunehmen.

- Ich weiß, wie ich mich selbst liebe.

- Ich weiß, wie ich mit jemandem kommuniziere, in den ich verliebt bin.

- Ich verstehe die Definition des Schöpfers von einem Seelenpartner.

- Ich kenne die Definition des Schöpfers von Ehe.

- Ich kenne die Definition des Schöpfers, wie einem Seelenpartner zu vertrauen ist.

- Ich kenne die Definition des Schöpfers, wie ein Seelenpartner zu lieben ist.

- Ich weiß, dass ich es wert bin, einen passenden Seelenpartner zu haben.

- Ich weiß, dass es mir möglich ist, der Liebe eines passenden Seelenpartners wert zu sein.

- Ich weiß, wie ich leben kann, ohne eifersüchtig zu sein.

- Ich weiß, wie ich der Hauptgewinn bin.

- Ich verstehe, wie es sich anfühlt, den am besten passenden Seelenpartner gefunden zu haben.

- Ich verstehe, wer die richtige Person für mich ist.

- Es ist möglich, einen passenden Seelenpartner zu haben.

- Ich kenne den Unterschied zwischen wahrer Liebe und sexueller Anziehung.

- Ich bin bereit für meinen am besten passenden Seelenpartner.

- Ich weiß, wie ich mich für meinen Seelenpartner vorbereite.

- Ich weiß, wie ich mein tägliches Leben mit einer anderen Person lebe.

- Ich kenne die Perspektive des Schöpfers von Allem was Ist von einem Seelenpartner.

- Ich weiß, dass es möglich ist, einen Seelenpartner zu haben.

- Ich weiß, wie ich meinen am besten passenden Seelenpartner erkenne.

- Ich werde ein liebevoller Seelenpartner.

- Ich verstehe, wie ich Energien von vergangenen Beziehungen hinter mir lasse.

- Ich verstehe, wie ich eine andere Person mit Respekt behandle.

- Ich verstehe, wie ich mit meinem Partner kommuniziere.

- Ich verstehe, wie ich einen Partner liebe, der durch das Göttliche inspiriert ist.

- Ich weiß, wie ich das Beste in einer Person hervorbringe.

- Ich weiß, wie ich mein Herz für die richtige Person öffne.

- Ich weiß, wie ich in einer Beziehung hingebungsvoll bin.

- Ich weiß, wie ich Hingebung von meinem Seelenpartner empfange.

- Ich verstehe, wie es sich anfühlt, meine Gefühle gegenüber einer anderen Person in einer Beziehung auszudrücken.

- Ich weiß, wann ich meine Gefühle in einer Beziehung ausdrücke.

- Ich weiß, wie ich meine Gefühle in einer Beziehung ausdrücke.

- Ich verstehe, wie es sich anfühlt, von meinem Seelenpartner für schön gehalten zu werden.

- Ich weiß, wie ich meine wahre Schönheit für diese besondere Person strahlen lassen kann.

- Ich weiß, wie es sich anfühlt, von einer anderen Person geschätzt zu sein.

- Ich verstehe die Definition des Schöpfers von Allem was Ist von Liebe.

- Ich verstehe, wie es sich anfühlt, einen Mann / eine Frau zu lieben.

- Ich verstehe die Definition des Schöpfers von Allem was Ist von meinem Gefährten geliebt zu sein.

- Ich weiß, wann ich von meinem Gefährten geliebt werde.

- Ich weiß, wie ich von meinem Gefährten geliebt werde.

- Ich weiß, wie ich mein tägliches Leben lebe, wenn mein Gefährte mich liebt.

- Ich kenne die Perspektive des Schöpfers von meinem Gefährten geliebt zu sein.

- Ich weiß, wie es sich anfühlt, eine Beziehung zu führen, welche auf Liebe basiert.

- Ich weiß, wie es sich anfühlt, mein Leben zu leben, ohne aufzugeben, wer ich bin um in einer Beziehung zu sein.

- Ich weiß, wie es sich anfühlt zu leben, ohne meine Identität aufgeben zu müssen, um in einer Beziehung zu sein.

- Ich weiß, wie ich jemanden voll und ganz liebe.

- Ich weiß, wie ich Liebe gebe.

- Ich weiß, wie ich auf die höchste und beste Weise mit Konfrontationen umgehe.

- Ich weiß, wie ich lebe, ohne das Leben zu fürchten.

- Ich weiß, wie ich ohne Schuldgefühle in einer Beziehung lebe.

- Ich weiß, dass es möglich ist, von meinem Gefährten geliebt zu sein.

- Ich weiß, wie ich in einer Beziehung flexibel bin.

- Ich verstehe, wie es sich anfühlt, mit einem Partner Sicherheit zu empfinden.

- Ich weiß, wie ich mit jemandem gemeinsam lebe, ohne ihn zu dominieren.

- Ich weiß, wie ich eine Beziehung führen kann, ohne die vergangenen zu wiederholen.

- Ich weiß, wie ich eine Beziehung führen kann, ohne meinen Partner zu meinem Vater zu machen.

- Ich weiß, wie ich eine Beziehung führen kann, ohne meine Partnerin zu meiner Mutter zu machen.

- Ich weiß, wie ich meine Beziehung mit meinem Seelenpartner pflege.

- Ich verstehe, wie es sich anfühlt, meinen Seelenpartner zu lieben für das, was er / sie ist.

- Ich weiß, wie ich meinen Seelenpartner für was, wer und alles was er / sie sein kann liebe.

- Ich verstehe, wie es sich anfühlt, sich einem Seelenpartner hinzugeben.

- Ich verstehe, wie es sich anfühlt, von meinem Seelenpartner angehört zu werden.

- Ich weiß, wie ich meinen Seelenpartner zu seinem höchsten Potential bringe.

- Ich weiß, wie ich durch die Energie meiner Beziehung zu meinem Seelenpartner Überfluss erschaffe.

- Ich weiß, wie es sich anfühlt mein ganzes Sein mit einer anderen Person zu teilen.

- Ich weiß, wie ich einen Seelenpartner in diesem Leben erschaffe.

- Ich weiß, wie ich meinen am besten passenden göttlichen Lebenspartner habe.

- Ich weiß, wie ich mein tägliches Leben lebe, ohne mich selbst herzugeben – ohne mich zu prostituieren.

- Ich weiß, wie ich lebe, ohne meine Kraft anderen abzugeben.

- Ich kenne den Unterschied zwischen meinen Gefühle/ Gedanken/Überzeugungen/Meinungen/Ideen/ Verhaltensweisen und denen von einer anderen Person.

- Ich weiß, wie ich meine Gefühle/Gedanken/Überzeugungen/ Meinungen/Ideen/Verhaltensweisen von denen einer anderen Person trenne.

- Ich weiß, wie es sich anfühlt, mit mir selbst verbunden zu sein.

- Ich weiß, wie es sich anfühlt und wie ich mit anderen verbunden bin, ohne ihre Energie unangemessen zu nutzen.

- Ich kenne die Definition des Schöpfers von Vertraulichkeit.

- Ich weiß, wie es sich anfühlt und ich weiß, wie ich vertraulich bin.

- Ich weiß, wie es sich anfühlt, am Leben zu sein und zu fühlen, ohne mich selbst auf irgendeine Weise zu verletzen.

- Ich weiß, wie es sich anfühlt, wie und wann ich sexuell bin auf die höchste und beste Weise.

- Ich weiß, wie es sich anfühlt und dass es sicher ist, sexuell zu sein.

- Ich weiß, wie ich meine Sexualität ehre, ohne das Gefühl zu haben, sie weggeben zu müssen.

- Ich weiß, wie ich mich auf die höchste und beste Weise mächtig fühle, während ich sexuell aktiv bin.

- Ich weiß, wie es sich anfühlt, mich im Gleichgewicht und Freude zu fühlen, wenn ich sexuell aktiv bin.

- Ich weiß, dass der Schöpfer von Allem was Ist mich beschützt, wenn ich sexuell aktiv bin.

- Ich weiß, wie es sich anfühlt und wie ich sicher bin, wenn ich meine Emotionen zeige, während ich sexuell aktiv bin.

- Ich weiß, wie und wann ich meine Gedanken und Wahrheiten auf die höchste und beste Weise ausdrücke, während ich sexuell aktiv bin.

- Ich weiß, wie es sich anfühlt und wie ich meine sexuelle Aktivität auf die höchste und beste Weise genieße.

GLAUBENSARBEIT IN DER ANWENDUNG

Nun folgt das Protokoll einer Glaubensarbeitssitzung, die ich mit einem Mann in einem Seminar durchführte. Dies wird dir eine Idee von den versteckten Glaubenssätzen verschaffen, die viele Menschen im Hinblick auf Beziehungen haben.

Vianna: Wenn du Veränderungen in dein Leben manifestieren könntest und deine Zukunft erschaffen könntest, was würdest du erschaffen?

Mann: *Ich würde eine Situation schaffen, in der ich viel reise und unterrichte. Ich würde ebenfalls Bücher schreiben.*

Vianna: Siehst du den Inhalt der Bücher.

Mann: *Nein.*

Vianna: Siehst du, wohin du reist?

Mann: *Ich sehe mich selbst in England und Indien.*

Vianna: Was würdest du sonst noch manifestieren?

Mann: *Wirklich schöne Häuser.*

Vianna: Okay, dann schließe deine Augen und stelle dir vor, dass du in einem dieser wunderschönen Häuser bist. Stelle dir vor, dass du in dieser Welt des Reisens und Unterrichtens lebst, in deinem Lieblingshaus. Was ist das Schlimmste, das dir in dieser Manifestation passieren kann?

Mann: *Das Haus zu verlassen, wenn ich reise. Dies löst ein Gefühl der Traurigkeit aus, wenn ich daran denke.*

Vianna: Du hast dieses wunderschöne Haus und reist rund um die Welt. Warum bist du dann traurig?

Mann: *Ich denke es liegt daran, dass ich glaube, dass, obwohl das Haus ein friedlicher Zufluchtsort ist, ich diesen verlassen muss, um das zu machen, was ich machen muss.*

Vianna: Also ist es eine Last, all diese Dinge zu machen, die du machen möchtest?

Mann: *Nein, ich mag es, aber es ist wie ein zweischneidiges Schwert. Ich mag es, meine Sachen zu machen, aber sobald ich fertig mit der Arbeit bin, kann ich nicht in meinem Zufluchtsort sein.*

Vianna: Okay, also was ist das Schlimmste, das dir passieren könnte, wenn du diese Manifestation erhältst?

Mann: *Ich verstehe das nicht. Ich sitze nur im Haus und weine.*

Vianna: Diese Manifestation macht dich unglücklich. Warum macht sie dich unglücklich?

Mann: *Ich weiß es nicht.*

Vianna: Schließe deine Augen und gehe zurück in die Manifestation. Was denken alle um dich herum über deinen Erfolg? Wie fühlen sie sich dabei?

Mann: *Sie fühlen sich von mir abgetrennt.*

Vianna: Hast du dich von ihnen abgetrennt?

Mann: *Das ist richtig, das habe ich.*

Vianna: Bist du einsam in diesem großen wunderschönen Haus?

Mann: *Ich schätze, ja.*

Vianna: Weinst du darum? Schließe deine Augen und denke kurz darüber nach. Du hast zwei wunderschöne Häuser, um die du dich kümmern kannst und du reist. Wie fühlt es sich in dieser Realität an?

Mann: *Es fühlt sich einsam an.*

Vianna: Du bist also alleine. Es ist niemand da, der alles mit dir teilt?

Mann: *Ich sehe niemanden für mich, entschuldige.*

Vianna: Bedeutet dies also, dass die Menschen, die jetzt Teil deines Lebens sind, dann nicht mehr dazugehören? Haben sie sich von dir abgewandt wegen deines Erfolgs?

Mann: *Es fühlt sich so an, als ob die meisten von ihnen sich nicht mehr mit mir identifizieren können.*

Vianna: Möchtest du diese Menschen in deinem Leben?

Mann: *Einige von ihnen.*

Vianna: Hast du sie alle verloren oder nur einige?

Mann: *Ich habe einige verloren. Einige sind noch da, aber die haben ihr eigenes Leben und haben keine Zeit für mich.*

Vianna: Du lebst deinen Traum, bist aber einsam. Wiederhole das: „Wenn ich meinen Traum lebe, werde ich einsam sein."

Mann: *Wenn ich meinen Traum lebe, werde ich einsam sein.*
[Der Muskeltest ergibt „Ja."]

Vianna: Es sieht so aus, als hättest du dieses Programm. Sprich mir nach: „Wenn ich Überfluss habe, werde ich einsam sein."

Mann: *Wenn ich Überfluss habe, werde ich einsam sein.*
[Der Muskeltest ergibt „Ja."]

Vianna zu den Studenten in der Klasse: Zu diesem Zeitpunkt ziehe ich noch keines dieser Programme heraus, ich rede mit ihm nur über sie. Wenn ich einfach willkürlich anfange, sie herauszuziehen, werde ich den Grundglaubenssatz nicht finden. [*zum Mann*] Nun haben wir etwas, mit dem wir weitermachen können. Ich will nun herausfinden, warum du dich so fühlst. Ist dies eine Vorahnung oder eine Wahrheit?

Mann: *Was meinst du damit?*

Vianna: Ich meine, wenn du all diese Dinge hättest, würde das wirklich passieren? Wirst du wirklich einsam sein?

Mann: *Ich glaube nicht. Es fühlt sich für mich nur so an.*

Vianna: Okay, warum fühlst du dich so?

Mann: *So habe ich mich schon immer gefühlt.*

Vianna: Du hast dich schon immer einsam gefühlt?

Mann. Ja.

Vianna: Immer? Okay, also warum fühlst du dich einsam?

Mann: *Weil – egal in was für Beziehungen ich mich begebe – ich immer alleine in ihnen bin.*

Vianna: Ich habe festgestellt, dass du zwei Häuser und Reisen manifestierst, aber keine Beziehung. Das ist interessant.

Mann: *Nicht wahr?*

Vianna: Also unabhängig davon, wie deine Beziehung ist und was für eine Beziehung du hast, du bist immer einsam. Sage das.

Mann: *Unabhängig davon, wie meine Beziehung ist und was für* *eine Beziehung ich habe, bin ich bin immer einsam. [Der Muskeltest ergibt „Ja."]*

Vianna: Okay, warum ist das so?

Mann: *Weil die Menschen, mit denen ich mich verbinden wollte, einfach nicht auf derselben Wellenlänge sind, oder wir gingen in verschiedene Richtungen oder wollten Unterschiedliches.*

Vianna: Weißt du, wie es sich anfühlt, eine gute Beziehung zu haben? Weißt du wie du eine gute Beziehung erschaffst?

Mann: *Ich schätze nicht, da ich es noch nie hatte.*

Vianna: Also sage: „Ich ziehe Menschen an, die mich immer in die falsche Richtung ziehen." [Der Test ergibt „Ja."] Sind diese Frauen das Gegenteil von dir?

Mann: *Nein, nur anders.*

Vianna: Also sag: „Ich weiß, wie ich jemanden, der mir ähnlich ist, anziehe."

Mann: *Ich weiß, wie ich jemanden, der mir ähnlich ist, anziehe. [Der Test bestätigt mit „Ja."]*

Vianna: Was möchtest du in einer anderen Person?

Mann: *Ich weiß es nicht. Einerseits denke ich, dass ich weiß, was ich mag, aber es stellt sich heraus, dass ich es nie wirklich wusste.*

Vianna: Sollen wir dich lehren, dass es möglich ist zu wissen, was du möchtest?

Mann: *Okay.*

Vianna: Lass uns dich lehren, dass es möglich ist zu wissen, was du möchtest, und dass du weißt, wie du jemanden anziehst, die eine passende Seelenpartnerin ist und mit dir wachsen wird. Ist das okay?

Mann: *Okay.*

Vianna: Lass uns dich lehren, dass du fähig bist, dein Leben zu leben, ohne einsam zu sein, und dass es möglich ist. Okay. Du hast gesagt, dass du anders als andere Menschen bist. Bedeutet das, dass du dich von andern wegziehst, oder bist du einfach so anders, dass dich niemand versteht, oder hast du das Gefühl, dass es heilig ist, alleine zu sein?

Mann: *Höchstwahrscheinlich ist es heilig, alleine zu sein.*

Vianna zur Klasse: Er macht dieses „Keine Frau will mich, dann will ich auch keine Frau"-Ding. [*Zum Mann:*] Wiederhole: „Es ist sicher für mich, alleine zu sein."

Mann: *Es ist sicher für mich, alleine zu sein.*
[Der Test bestätigt „Ja."]

Vianna: Würdest du gerne wissen, wie es sich anfühlt, sicher in deiner Welt zu sein?

Mann: *Okay.*

Vianna zur Klasse: Als ich den Download machte, wie es sich anfühlt, sicher in seiner Welt zu sein, hatte er einen panischen Gesichtsausdruck. Wenn du einen Download machst, sollten die Menschen mit „Aaaah" reagieren und sagen, „Das fühlt sich gut an." Er sieht nicht so aus, als ob er mit diesem Download glücklich wäre. [*Zum Mann:*] Okay, also ist es sicherer, alleine zu sein. Warum?

Mann: *Weil ich nicht verletzt werde.*

Vianna: Du wirst also nicht verletzt, wenn du alleine bist? Warum?

Mann: *Warum? Hmm, ich weiß es nicht.*

Vianna: Wie lange hast du dich so gefühlt?

Mann: *Es fühlt sich an, als wäre es schon immer so gewesen.*

Vianna: Du hast dieses Einsamkeitsgefühl „schon immer", da es sicher ist alleine zu sein. Sage: „Es ist sicher, alleine zu sein."

Mann: *Es ist sicher, alleine zu sein. [Der Test bestätigt „Ja."]*

Vianna: Okay, aber das muss nicht für immer so sein. Würdest du gerne wissen, wie es sich anfühlt, sicher zu sein und dein Leben mit jemandem zu teilen?

Mann: *Ja.*

Vianna: Wenn dich nun jemand wirklich kennt, was wäre das Schlimmste, was dir passieren könnte.

Mann: *Sie könnten mich verlassen.*

Vianna: Sie werden dich demnach nicht nur verletzen, sie werden dich verlassen. Sage: „Wenn sie mich wirklich kennen, dann verlassen sie mich."

Mann: *Wenn sie mich wirklich kennen, dann verlassen sie mich."*

Vianna: Nein, das ist nicht das richtige Programm. Sage stattdessen, „Wenn sie mein Herz wirklich kennen, verlassen sie mich."

Mann: *Wenn sie mein Herz wirklich kennen, verlassen sie mich. [Der Test bestätigt „Ja."]*

Vianna: Also, wie kannst du jemanden dich lieben lassen? Es ist sicherer, alleine zu sein, weil es weniger kompliziert ist, als wenn sie dich verlassen. Würdest du gerne wissen, wie es sich anfühlt, jemanden zu haben, der bleibt? Oder ist es besser, wenn sie dich verlassen? Bringst du sie dazu, dich zu verlassen?

Mann: *Ich glaube nicht.*

Vianna: Wer hat dich verlassen?

Mann: *Oh niemand im wahrsten Sinne des Wortes, aber meine Mutter hat mich sozusagen verlassen.*

Vianna: Was bedeutet das für dich?

Mann: *Ich verstehe nicht, was du meinst.*

Vianna: Wie hat sie dich verlassen?

Mann: *Sie hat mich verlassen, indem sie mich nicht beachtet hat. Dies fing an, als ich noch ein kleines Kind war. Wenn ich nicht die Antwort gab, die sie wollte, gab es Zeiten, in denen sie einfach auf Durchzug schaltete und wegging, wie ein fünfjähriges Kind, wenn es wütend ist. Es gab Zeiten, in denen ich gar keine Verbindung zu ihr erreichen konnte. Dies passierte ebenfalls als ich ein Teenager war.*

Vianna: Du gibst dein Bestes, damit deine Beziehungen funktionieren, aber sie verlassen dich trotzdem … Sind das alle Frauen oder nur deine Mutter? Sind es alle Frauen, die dir etwas bedeuten?

Mann: *Ja, so ziemlich, glaube ich.*

Vianna: Würdest du gerne wissen, wie du dich mit einer anderen Person verbindest? Wie du wichtig bist? Wie du mit

Respekt und Liebe behandelt wirst? Würdest du gerne wissen, dass es möglich ist? Ist das okay?

Mann: *Ja.*

Vianna: Wie fühlst du dich nun?

Mann: *Traurig.*

Vianna: Wie ist diese Traurigkeit?

Mann: *Uh, tief betrübt traurig.*

Vianna: Du musst ein trauriger kleiner Junge gewesen sein, der sich nicht verbinden konnte. Lass uns dich lehren, dass du dich auf spiritueller, körperlicher und geistiger Ebene mit Menschen verbinden kannst. Dich wirklich und wahrhaftig mit jedem in deinem Umfeld verbinden kannst und dass du Freunde anziehen kannst, die dich aufbauen und loyal sind. Ist das okay?

Mann: *Ja.*

Vianna: Und dass du weißt, wie es sich anfühlt, loyal gegenüber jemand anders zu sein. Und dass sie loyal zu dir und verbunden mit dir sind und dass es sicher ist, dies zu tun. Dass du vertrauenswürdige Menschen anziehst und Menschen, die mit ihren Emotionen nicht wie fünfjährige Kinder handeln. Ist das okay? [Zur Klasse:] Versteht mich nicht falsch – sich wie ein Kind zu verhalten ist, nicht immer schlecht und kann manchmal gut sein. [Zum Mann:] Würdest du gerne wissen, wie du mit jemandem umgehen kannst, der sich nicht mit dir verbindet?

Mann: *Also, ja, das würde ich gerne. Damals hatte ich keinen Plan – ich war fünf als das passierte…*

Vianna: Passierte es zuvor schon einmal?

Mann: *Möglicherweise, aber das war der Moment, in dem ich erkannte, wie falsch es ist und wie sehr es schmerzt.*

Vianna: Okay, Ich möchte, dass du zurück zu dem Moment gehst, als du dieser fünfjährige Junge warst. Nun möchte ich, dass du dich dort als Erwachsenen siehst, der neben dem kleinen Jungen steht, und ich möchte, dass du dich zu ihm drehst und ihm eine Umarmung gibst. Nun schließe deine Augen und manifestiere. Versteht dich die Person, mit der du eine Beziehung hast?

Mann: *Ja.*

Vianna: Verstehst du sie? Magst du sie noch?

Mann: *Bis jetzt.*

Vianna: Schließe deine Augen. Reist sie mit dir?

Mann: *Manchmal.*

Vianna: Ist es besser, wenn sie mit dir reist?

Mann: *Manchmal.*

Vianna. Okay. Ist diese Situation so in Ordnung für dich?

Mann: *Ja.*

Vianna: Fühlt es sich echt und möglich an?

Mann: *Ja.*

Vianna: Okay, die Freunde in deinem Leben, sind es noch immer dieselben wie vorher, oder sind es neue Freunde?

Mann: *Einige von ihnen sind die Freunde, die ich jetzt habe.*

Vianna: Gut! Wie fühlst du dich?

Mann: *Ich fühle mich viel besser – glücklicher. Die Dinge fühlen sich viel erreichbarer an. Ja, es fühlt sich viel realer an.*

Vianna nickend: Ja, es ist viel realer. [Zur Klasse:] Okay, wir haben an den zwei Themen gearbeitet: „Was wäre das Schlimmste, das dir passieren könnte, wenn du das in deinem Leben hättest?" und „Wie fühlen sich die Menschen um dich herum, wenn du Überfluss hast." Seine Blockade in der Liebe hatte nichts mit dem Geld oder dem Haus oder dem Reisen zu tun. Was war seine Blockade? Er wollte nicht alleine in einem großen Haus sein. Darum schuf er ein großes altes Haus. Nun hat er jemanden, mit dem er es teilen kann, er kann es haben. Lass uns noch etwas testen. [Zum Mann:] Wiederhole das: „Ich werde einsam sein."

Mann: *Ich werde einsam sein. Wenn ich manifestiere, was ich möchte, werde ich einsam sein. [Der Test bestätigt „Nein."]*

Vianna zur Klasse: Okay, was würdet ihr sonst noch testen?

Student: *Teste, ob er weiß, wie er eine gute Beziehung erschafft.*

Vianna: Wiederhole dies: „Ich weiß, wie ich eine gute Beziehung erschaffe."

Mann: *Ich weiß, wie ich eine gute Beziehung erschaffe.*
[Der Test bestätigt „Ja."]

Vianna: Er weiß also, wie er eine gute Beziehung erschafft. Sage: „Ich weiß, wie ich eine passende Person anziehe."

Mann: *Ich weiß, wie ich eine passende Person anziehe.*
[Der Test bestätigt „Ja."]

Student: *Teste, ob er glaubt, dass jemand existiert, der zu ihm passt.*

Vianna: Wiederhole: „Jemand existiert, der zu mir passt."

Mann: *Jemand existiert, der zu mir passt.*

Vianna: Halte fest – fester, fester, fester. Ja, er glaubt, dass es da draußen jemanden für ihn gibt. Okay, dann lass uns noch testen: „Ich bin der Hauptgewinn."

Mann: *Ich bin der Hauptgewinn. [Er testet mit „Ja."]*

Vianna: Okay, sage: „Ich weiß, wie ich mich mit anderen Menschen verbinde."

Mann: *Ich weiß, wie ich mich mit anderen Menschen verbinde. [Der Test bestätigt „Ja."]*

Vianna: Ich weiß, wie ich mich mit einer Frau verbinde, die mir am Herzen liegt.

Mann: *Ich weiß, wie ich mich mit einer Frau verbinde, die mir am Herzen liegt.*

Frau: Wenn eine Frau mein Herz sieht, rennt sie weg.

Mann: *Wenn eine Frau mein Herz sieht, rennt sie weg. [Der Test ergibt „Nein."]*

Vianna zur Klasse: Braucht er mehr Glaubensarbeit? Vielleicht, aber dies wird es ihm möglich machen, sowohl Überfluss als auch Liebe zu finden, da dies dieselben Dinge sind.

Teil II

DIE SEELENPARTNER-SUCHE

Kapitel 5

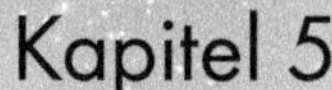

SICH FÜR EINEN SEELENPARTNER VORBEREITEN

Viele Menschen sind auf der Suche nach ihrem Seelenpartner. In einigen Fällen ist die Suche wichtiger als das Erreichen des Ziels. Sei vorsichtig bei der Suche nach deinem Seelenpartner, ich habe Menschen gesehen, die abhängig von der Suche wurden und jetzt immer noch nach ihrem Seelenpartner suchen.

Da die Menschheit sich entwickelt, haben wir mehr Seelenpartner als jemals zuvor, unter denen wir aussuchen können. Wir haben womöglich Dutzende Seelenpartner in allen Formen und Größen. Wir haben mehr als einen passenden Seelenpartner. Wie können wir sicherstellen, dass wir den passendsten anziehen?

VERTRAUE IN DAS GÖTTLICHE

Du solltest an deinen Themen im Hinblick auf das Vertrauen arbeiten, dass das Universum dich und deinen Seelenpartner zusammenbringen wird. Es ist nichts Falsches dabei, nach deinem Seelenpartner zu suchen, wenn es aber ein Zwangsverhalten wird,

wird die Suche das einzige Ziel und das führt nicht zum Abschluss. Es ist wie die mystische Suche nach dem Heiligen Gral, die kein Anfang und kein Ende hat. Die Suche steht im Fokus und nicht das Finden.

Du kannst dich so daran gewöhnen, darüber zu reden, ohne einen Seelenpartner zu sein, dass dies das Einzige ist, was du manifestierst. Dies liegt daran, dass du deinem Unterbewusstsein tagein tagaus sagst „Ich kann keinen Seelenpartner finden" und „Da draußen gibt es niemanden für mich" und du fragst dich „Warum habe ich ihn noch nicht gefunden, warum wurde ich vergessen?" All diese negativen Gedanken und Worte halten das Universum davon ab, die Umstände zu erschaffen, in denen du die wichtigste Person in deinem Leben triffst.

Die Frage, die viele Menschen stellen, lautet: „Wo ist mein Seelenpartner?"

Jedoch sollten die meisten Menschen nicht diese Frage stellen, sondern stattdessen die folgenden:

- Was ist ein Seelenpartner?

- Mit was für einer Art Person möchte ich zusammen sein?

- Was habe ich dieser besonderen Person anzubieten?

- Was werde ich mit meinem Seelenpartner machen, wenn ich ihn bekomme?

LIEBE DICH SELBST UM ANDERE ZU LIEBEN

Ein Seelenpartner kann dich glücklich machen oder dich emotional zerreißen. Das hängt davon ab, wie du dich selbst fühlst. Wenn du noch nicht an dem Punkt angelangt bist, wo du dich wirklich selbst lieben kannst, wird dich die Beziehung zu einem Seelenpartner über Kohlen gehen lassen.

Sobald du anfängst, dich selbst zu lieben, wird eine interessante Energie in deinem Herz-Chakra entstehen. Dies wir dein Sexual-Chakra anregen, nach deinem passenden Seelenpartner zu rufen.

Sobald du nach deinem passenden Seelenpartner rufst, wirst du feststellen, dass du auch andere Menschen anziehst, Menschen, die von deiner pulsierenden Energie angezogen werden. Nicht jeder, der von dir angezogen ist, ist dein Seelenpartner, und nicht jeder Seelenpartner ist passend für dich.

Die beste Art, deinen passenden Seelenpartner anzuziehen, ist dich selbst zu lieben und stolz darauf zu sein, wer du bist. Wenn du dich selbst kennst und liebst, bist du bereit für den passendsten Seelenpartner. Die Entwicklungsstufe, welche du als Person erreicht hast, wird schließlich den Seelenpartner bestimmen, den du von der „Alles was Ist"-Energie anziehst.

Viele Menschen glauben, sie könnten erst vollständig sein, wenn sie ihren Seelenpartner gefunden haben, aber das Gegenteil ist wahr. Menschen müssen zuerst in sich selbst vollständig sein. Um wahrhaftig passend zu sein, müssen beide Personen zuerst sich selbst lieben und aus dieser Selbstliebe inneres Glück entwickeln, das nach außen blüht. Dies macht die Energie von Seelenpartnern wirklich zueinander passend.

Viele Menschen *verlangen* ihren am besten passenden Seelenpartner, sind aber aus Selbsthass noch nicht bereit für diesen. Zuerst musst du dich selbst lieben.

„Es geht nur um mich!"

Eine andere Situation, die ich bei Klienten und Studenten sehe, ist diese: Wenn jemand schließlich einen Seelenpartner findet, geht es nur um *sie selbst* und nicht um die andere Person. Das ist kaum förderlich für eine liebevolle Beziehung. Beide Menschen sollten sich frei fühlen und offen sein, um sich miteinander darüber auszutauschen, wie sie ihren Lebensunterhalt verdienen, über ihre Vorlieben und Abneigungen und all die verschiedenen Facetten ihrer Persönlichkeit offenbaren, damit sie so Wohlgefühl und Sicherheit teilen können. Sie sollten sich frei fühlen, tiefgründige Teile von sich selbst preiszugeben. Sonst wird die Beziehung nur wenig belastbare Fassaden zeigen und dann die Bedürfnisse und Anforderungen nur einer Person berücksichtigen.

Denke darüber nach, was du zurückgeben kannst. Was lässt dich der Hauptgewinn sein? Was lässt jemand anderen mit dir zusammen sein wollen?

Wenn dir hier nichts in den Sinn kommt, sind dies die Bereiche, an denen du arbeiten solltest. Deine Nachricht ans Universum sollte sein: „Dies ist, was ich in einer anderen Person suche, und dies ist was ich zurückgeben kann."

Schreibe drei Dinge auf, die du in einer Person suchst, und drei, die du ihnen zurückgeben kannst.

SEI WACHSAM UND BEREIT ZU HANDELN

Du kannst jederzeit einen Seelenpartner finden. Erinnere dich daran, dass du mehr als einen hast und du dir immer an diesem Ort und zu dieser Zeit einen neuen kreieren kannst.

Viele von uns sind auf der Suche nach etwas, das auf eine tiefere Ebene geht. Wir suchen nach einer Liebe, die tief und unauslöschlich ist, etwas, das wir bereits hatten, bevor wir hierherkamen und was für immer mit uns sein wird – eine Beziehung zu einer besonderen Person, mit der wir unsere Gedanken und Gefühle teilen können und sie mit uns ebenso. Wir suchen jemanden, der mit uns durch dieses Leben geht und darüber hinaus, *etwas Ewiges*. Dies ist möglicherweise nicht ganz so einfach.

Wenn du deine übersinnlichen Kräfte nutzt und Fragen über deinen Seelenpartner stellst, solltest du die Informationen, die du erhältst, richtig interpretieren und in deinem Leben anwenden können. Einige Menschen fragen die göttliche Energie „Wann werde ich meinen Seelenpartner treffen?" Sie erfahren dann ein Datum und manchmal sogar eine Zeit. Der Zeitpunkt verstreicht, ohne dass ihnen bewusst wurde, dass sie ihrem Seelenpartner sogar begegnet sind. Denn auf ihre Fragen wurden ihnen *Möglichkeiten* genannt, wann und wie sie ihren Seelenpartner treffen *könnten*. Das Göttliche kann uns führen und leiten, wir müssen jedoch wachsam sein und angemessen handeln, damit sich die Dinge in unserem Sinn sich ereignen.

Wenn du Gott fragst, wann du deinen Seelenpartner treffen wirst, wird dir beispielsweise geantwortet, du werdest ihn am 22. Dezember treffen und an seinem roten Hut erkennen.

Der 22. Dezember verstreicht, und du denkst, du hast niemanden mit einem roten Hut getroffen. Doch an diesem Tag hast du eine Weihnachtsparty besucht, auf der ein Mann als Weihnachtsmann auftrat. Er trug eine rote Mütze! Du hast deinen Seelenpartner übersehen. Erst vier Monate später trifft es dich: „Oh mein Gott, das war er!"

Du hattest die richtige Information, aber nicht genug gefragt. Wenn dir nicht klar ist, was dir gesagt wurde, stelle weitere Fragen.

Sei ebenfalls bereit, mithilfe dieser Informationen zu handeln. Ich kenne viele Menschen, denen vom Göttlichen gesagt wurde, dass sie umziehen müssen, um den am besten passenden Seelenpartner zu finden. Jedoch weigerten sie sich, umzuziehen, und sie haben diesen Seelenpartner nie getroffen.

Bist du bereit, die nötigen Schritte zu machen, um mit der besonderen Person zusammen zu sein?

SEI GEDULDIG

Ultimatum an Gott

Die meisten Menschen, die nach ihrem Seelenpartner fragen, geben üblicherweise Gott die Schuld, wenn der Seelenpartner nicht augenblicklich in ihr Leben kommt. Statt wahrzunehmen, dass es an ihren Mängeln liegt, werden sie wütend auf Gott, als wäre es sein Fehler.

Ein anderer häufiger Fehler sind Forderungen an Gott und ein Ultimatum. Menschen sagen: „Gott, ich *verlange* [nicht ich erbitte!]

dass ich jetzt meinen Seelenpartner habe." Selbst wenn sie nicht diese Worte in ihrem Manifestationsgebet verwenden, haben sie immer noch diese Energie, und es ist die Energie, die wichtig ist, wenn eine Manifestation erbeten wird.

Nachdem ich mehrere tausend Readings gemacht hatte, erkannte ich gemeinsame Themen im Hinblick auf Seelenpartner-Timings. Lass uns ein Beispiel nehmen.

Eine Frau fragte mich: „Wo ist mein Seelenpartner? Ich möchte ihn jetzt!"

Ich sagte ihr, „Okay, ich gehe und schaue kurz in deine Zukunft."

Als ich hoch ging um die Zukunft wahrzunehmen, sah ich, dass ihr Seelenpartner noch nicht für sie bereit ist.

Also sagte ich ihr, „Im Moment ist dein Seelenpartner unstabil. Er wird noch mindestens ein Jahr nicht für dich bereit sein. Jedoch wird sein Leben in zwei Jahren viel stabiler sein, und er wird wirklich bereit sein für eine Beziehung."

Enttäuscht sagte die Frau, „Oh, aber er muss jetzt für mich bereit sein!"

Sie ignorierte meinen Ratschlag und fing an Gott zwanghaft zu bedrängen und verlangte, „Ich will ihn jetzt! Ich will ihn jetzt! Ich will ihn jetzt!"

Einige Wochen später sagte Gott schließlich „Okay!"

Ist dies, was die Frau wirklich wollte? Nein! Durch diese *Forderungen* fand sie ihren Seelenpartner, aber es war viel zu früh, und er war ein absoluter Vollidiot! Dies schreckte sie jedoch nicht ab, da dieser Mann ihr wahrer Seelenpartner war und sie sich von ihm unwiderstehlich angezogen fühlte.

Er kam also in ihr Leben, war aber mitten in der Scheidung und offensichtlich emotional unstabil. Also fing sie an Gott die Schuld zu geben. Sie wendete sich klagend an Gott, „Das ist alles falsch!"

Die Antwort von Gott kam ebenfalls, „Er wäre nicht unstabil gewesen, hättest du ihn nicht zu früh aus dem Ofen genommen. Er hätte noch zwei Jahre backen müssen. Wenn du ihm die Zeit gegeben hättest, wäre er ein wundervoller Kuchen gewesen, der für dich bereit gewesen wäre."

Durch den Druck und die Ungeduld war das neue Paar ein Jahr lang in einer instabilen Situation, bis sich schließlich alles für sie beruhigte.

Hätte diese Frau auf den Ratschlag hören sollen? Ja, aber warten ist schwierig in Herzensangelegenheiten, nicht wahr?

Was tat der Schöpfer, indem er der Frau gab, was sie wollte? Für den Schöpfer ist alles ein Lernprozess und ob wir aus einer schwierigen oder einfachen Situation lernen, ist für ihn dasselbe. Folglich liegt es an uns, ob die Erfahrung eine schwierige oder eine gute ist. Wir haben immer den freien Willen.

Wenn Menschen Gott ein Ultimatum stellen, haben sie wahrscheinlich irgendeinen Mangel in ihrer Persönlichkeit. Im Allgemeinen haben sie eine echte Angst, dass ihre Gebete tatsächlich erhört werden könnten und sobald das tatsächlich der

Fall ist, geben sie Gott die Schuld und erkennen nicht, dass es ihre eigene ist.

TESTE DEINE GLAUBENSSÄTZE

Wir haben schon angeschaut, wie du an deinen Glaubenssätzen und Überzeugungen arbeiten kannst. Menschen ziehen einander an sowohl durch negative wie auch durch positive Glaubenssätze, die sie teilen. Löse so viele negative Glaubenssätze wie möglich auf, und mache Gefühlsarbeit, um die beste Person anzuziehen.

Ein Bereich, in dem deine Glaubenssätze dich zurückhalten können, einen Seelenpartner zu finden, ist körperliche Krankheit.

Seelenpartner und Krankheit

Einige Menschen hängen an ihrer körperlichen Krankheit, weil sie tief in sich Angst vor Veränderung und persönlichem Wachstum haben. In einigen Fällen hängen Menschen so sehr an ihrer Krankheit, dass sie ihren Seelenpartner nicht anziehen, da dies ein lebensveränderndes Ereignis sein würde. Dann wird die Person krank bleiben und keine Schritte unternehmen, damit es ihr bessergeht.

Wenn du glaubst, du wirst verletzt, wenn du glücklich bist, kann dich unter Umständen dein Gehirn krank halten. Du hast möglicherweise das Programm von „Wenn ich glücklich bin und mich verliebe, wird er mich verlassen oder verletzen." Also ziehst du jemanden an, der kein passender Seelenpartner ist.

Dein Gehirn liebt dich genug, um dieses Programm für dich abzuspielen. In vielen Fällen ist es daher wichtig, herauszufinden, was dir die Krankheit nützt. Wenn du diese Energie lösen kannst, kannst du verstehen, dass du glücklich sein kannst, ohne Veränderung zu fürchten, und so kannst du deinen Seelenpartner finden.

Frage dich, was passieren würde, wenn du deinen Seelenpartner findest. Womöglich wärest du glücklich oder voll Freude. Frage dich, was passieren würde, wenn du glücklich und voller Freude wärest. Was würde passieren?

SEI POSITIV

Da draußen gibt es für jeden von uns jemanden. Wenn mir jemand sagt, dass es für ihn niemanden da draußen gibt, rate ich der Person in einen Supermarkt zu gehen und für eine Weile, Menschen zu beobachten. Sie werden viele Paare erblicken, und einige von ihnen ähneln Menschen in ihrem Wesen, einige von ihnen nicht! Wenn diese Menschen jemanden finden können, dann kann jeder jemanden finden!

Sagst du dem Universum, dass es da draußen niemanden für dich gibt, dann manifestierst du niemanden. Was du wirklich manifestieren möchtest, sind positive Menschen.

MANIFESTIERE POSITIVE MENSCHEN

1. Zentriere dich in deinem Herzen, und schicke deine Energie hinunter in Mutter Erde.

2. Gehe hoch, aus deinem Kronen-Chakra hinaus in einem Lichtball und projiziere dein Bewusstsein hinaus, an den Sternen vorbei ins Universum.

3. Gehe am Universum vorbei, durch die verschiedenen Lichtschichten, durch das goldene Licht, durch die geleeartige Substanz, die die Gesetze sind, in ein irisierendes weißes Licht, in die Siebte Ebene der Existenz.

4. Gib deinem Unterbewusstsein die Anweisung und bitte den Schöpfer:

   *„Schöpfer von Allem was Ist, es ist angewiesen,
   dass ich gleichgesinnte Menschen anziehe. Danke! Es
   ist vollbracht, es ist vollbracht, es ist vollbracht."*

5. Bezeuge, wie gleichgesinnte Menschen in der Zukunft in dein Leben treten.

6. Sobald der Prozess abgeschlossen ist, reinige dich mit der Siebten-Ebenen-Energie und bleibe mit ihr verbunden.

Im nächsten Kapitel werde ich dir zeigen, wie du einen Seelenpartner manifestierst. Machst du dies, frage immer nach dem *am besten zu dir passenden* Seelenpartner *auf die höchste und beste Weise*, wenn du deine Nachricht durch den Schöpfer von Allem was Ist ins Universum schickst. Dann hast du eine viel bessere Chance, jemanden zu finden, der mental, sexuell, spirituell, körperlich und emotional auf dich abgestimmt ist.

Auf die *höchste und beste Weise* bedeutet jedoch nicht immer, dass es die einfachste Art ist. Womöglich hast du auf deiner Suche nach dem Seelenpartner interessante Zeiten vor dir …

MANIFESTIERE EINEN SEELENPARTNER

Manifestierst du einen Seelenpartner, solltest du dir vor allem anderen sicher sein, ob du das wirklich möchtest. Bist du bereit, dein Leben mit jemandem zu teilen? Frage dein Herz, ob du wirklich bereit bist, alles mit einer anderen Person zu teilen. Suchst du nach einem Seelenpartner oder einem Sklaven?

Was ist das Schlimmste, was dir passieren kann, wenn du wirklich bekommst, was du möchtest? Ist da eine Stimme in dir, die dir sagt, dass du es nicht verdienst, oder machst du dir Sorgen darüber, was passieren wird, wenn du es bekommst? Arbeite an dieser Stimme, an den Glaubenssätzen, die ihr die Kraft geben zu sprechen.

Wenn du den Schöpfer bittest, dich dort hinzubringen, wo du deinen Seelenpartner triffst, wärest du dann auch bereit, an diesen Ort zu ziehen?

Wenn du einen Seelenpartner hast, bist du dann auch bereit, Zeit mit ihm zu verbringen? Wenn du dich mit nur einem einzigen Partner langweilst, fehlt dir vielleicht das Monogamie-Gen (nicht jeder hat es, siehe Kapitel 10).

All das spielt eine Rolle, wenn du einen Seelenpartner manifestierst. Sogar wenn du das Gefühl hast, absolut vorbereitet zu sein, stelle dir folgende Fragen:

- Willst du jetzt einen Seelenpartner oder einen Gefährten?

- Hast du jemand anderem etwas anzubieten?

- Was macht dich zum Hauptgewinn?

- Was weißt du über das andere Geschlecht?

- Bist du bereit zu lernen und immer weiter zu lernen?

- Weißt du, dass du es verdienst, wenn deine Träume sich erfüllen?

WISSE, WAS DU MÖCHTEST

Wenn du sicher bist, dass du bereit bist, einen Seelenpartner zu manifestieren, musst du genau wissen, was du möchtest. Wenn du hochgehst und Gott um einen Seelenpartner bittest, solltest du sehr genau sein. Du musst präzise sein im Hinblick auf das Geschlecht, sogar die Spezies, denn wenn du um jemanden bittest, der dich bedingungslos liebt, wirst du womöglich einen Hund bekommen.

- Möchtest du einen reichen Seelenpartner?

- Möchtest du, dass er alleinstehend oder verheiratet ist?

- Möchtest du, dass er sein Vermögen mit dir teilt?

Viele Menschen setzen sich hin und schreiben eine lange Liste, was sie in einer anderen Person möchten. Ich kenne Menschen, die alles aufschrieben, was ihnen in den Sinn kam, aber das

Wichtigste vergaßen: dass ihr Seelenpartner zu ihnen passte und sie verliebt sind.

Bitte nicht um einen *perfekten* Seelenpartner, da dieser womöglich zu perfekt ist. Frage stattdessen nach deinem *am besten zu dir passenden* Seelenpartner.

Wenn du eine Vorliebe hast, ob jemand sexuell treu ist, bestimme, dass dein Seelenpartner das Monogamie-Gen hat.

Die folgende Übung wird dir helfen zu klären, was du möchtest und, nicht minder wichtig, was du im Gegenzug bieten kannst:

WISSE, WAS DU IN EINEM SEELENPARTNER HABEN MÖCHTEST

1. Notiere eine Liste mit vier Eigenschaften, die du bei deinem Seelenpartner haben möchtest.

2. Frage eine andere Person, was ihres Erachtens wichtig ist, und borge zwei der Eigenschaften, die sie nennt.

3. Notiere die vier besten Eigenschaften, die du einem Seelenpartner anbieten kannst.

4. Notiere zwei Eigenschaften, die andere in dir sehen.

5. Notiere alle Eigenschaften, die dein Seelenpartner haben soll.

MANIFESTIEREN

Hier sind mehrere Arten, deinen Seelenpartner zu manifestieren:

NACH DEINEM PASSENDEN SEELENPARTNER RUFEN

1. Zentriere dich in deinem Herzen und schicke deine Energie hinunter in Mutter Erde, die Teil ist von Allem was Ist.

2. Gehe hoch, aus deinem Kronen-Chakra in einem Lichtball hinaus, und projiziere dein Bewusstsein an den Sternen vorbei ins Universum.

3. Gehe am Universum vorbei, durch die verschiedenen Lichtschichten, durch das goldene Licht, durch die geleeartige Substanz, die die Gesetze sind, in ein irisierendes weißes Licht, in die Siebte Ebene der Existenz.

4. Gib deinem Unterbewusstsein die Anweisung und bitte den Schöpfer:

> *„Schöpfer von Allem was ist, es ist angewiesen,*
> *dass mein am besten passendster Lebensseelenpartner*
> *zu mir gebracht wird und dass er/sie diese*
> *Eigenschaften hat: [nenne die Eigenschaften]. Danke!*
> *Es ist vollbracht, es ist vollbracht, es ist vollbracht."*

5. Bezeuge, wie der Ruf nach dem am besten zu dir passenden Seelenpartner hinausgeschickt wird.

6. Sobald der Prozess abgeschlossen ist, reinige dich mit der Siebten-Ebenen-Energie und bleibe mit ihr verbunden.

Merke dir folgendes:

- Wenn du anweist, dass du deinen am besten passenden Seelenpartner *jetzt* hast, wirst du die Person anziehen, die jetzt gerade am besten passt. Womöglich ist dies nicht die insgesamt am besten zu dir passende Person.

- Wenn du jemanden möchtest, mit dem du dein Leben verbringen kannst, dann frage nicht nach dem am besten passenden Seelenpartner, bitte um den am besten passenden göttlichen Lebensseelenpartner.

MANIFESTATION FÜR 10 TAGE

1. Nimm deine Liste von allen Dingen, die du in deinem Seelenpartner haben möchtest und lege sie neben dein Bett.

2. Gehe hoch auf die Siebte Ebene wie vorher. Stelle dir die Person vor, während du im Theta-Zustand bist.

3. Mache dies täglich für mindestens 10 Tage.

4. Meditiere jeden Morgen darüber, die Person zu sein, die du in deiner Beziehung zu deinem Seelenpartner sein möchtest.

PYRAMIDEN-ÜBUNG, UM DEINEN SEELENPARTNER ZU FINDEN

Eine der wichtigsten Übungen, um deinen Seelenpartner zu rufen, ist die folgende Meditation. Ich habe sie mein ganzes Leben lang benutzt, um Überfluss aller Art in mein Leben zu bringen.

In dieser Übung nutzen wir die Pyramiden-Energie, um die Manifestation zu verstärken.

1. Gehe hoch auf die Siebte Ebene wie zuvor.

2. Gib die Anweisung:

    *„Schöpfer von Allem was Ist, es ist angewiesen, dass ich
    meinen passenden Seelenpartner in mein Leben bringe.
    Danke. Es ist vollbracht, es ist vollbracht, es ist vollbracht."*

3. Bezeuge, wie du selbst unter einer riesigen Pyramide stehst. Bezeuge, wie die Energie deiner Bitte hinausgeschickt wird, zuerst ins Zentrum der Pyramide, um dort verstärkt zu werden und dann ins Universum.

4. Sobald der Prozess abgeschlossen ist, reinige dich mit der Siebten-Ebenen-Energie und bleibe mit ihr verbunden.

Kapitel 7

RATSCHLÄGE ZUR PARTNERSUCHE FÜR SEELENPARTNER

In diesem Kapitel werden wir einige praktische Aspekte besprechen, die helfen können, einen Partner zu finden. Einigen werden diese Informationen womöglich überflüssig erscheinen, aber ich war überrascht darüber, wie viele meiner Klienten und Studenten die einfachen Nuancen von Beziehungen nicht kannten.

ES REGNET SEELENPARTNER!

Es ist wahrscheinlich, dass sobald du nach einem Seelenpartner rufst, du mehr als einen *zur selben Zeit* herbeirufst. Dies liegt daran, dass du ein Signal ins Universum schickst, dass du dich wirklich selbst liebst und du für einen Seelenpartner bereit bist.

Was auch immer du möchtest, egal, wie schwierig es scheint, sei darauf vorbereitet, dass es zu dir kommt. Ich erinnere mich an eine Frau, die in mein Geschäft kam und sehr arrogant verkündete, „Ich möchte meinen Seelenpartner! Ich möchte, dass er ein männlicher Mann ist, will aber nicht, dass er Sport schaut, ich möchte, dass er mich von vorne bis hinten bedient, sich um mich kümmert und mir meine Füße massiert! Ich möchte, dass er mit mir shoppen geht und alle verschiedenen Schuhmoden kennt!"

Ich dachte für mich, wir leben in Idaho, wo Männer Männer sind! Sie jagen und fischen gern und mögen Sport und Frauen – im Allgemeinen in dieser Reihenfolge. Ein männlicher Mann ist relativ einfach zu finden. Einer, der gerne Dinge einkauft, die Frauen gefallen und der die verschiedenen Schuhmodelle aus Italien kennt – das könnte die Manifestation möglicherweise etwas strapazieren.

Ich sagte der Frau, „Bist du sicher, dass du einen männlichen Mann möchtest? Möchtest du nicht lieber einen homosexuellen Freund, mit dem du Sachen unternehmen kannst?"

Sie entgegnete, „Nein ich möchte meinen Seelenpartner."

Hier war sie nun samt all den Forderungen ans Universum und an den freien Willen einer anderen Person, doch ohne Verständnis dafür, dass auch sie in einer Beziehung geben sollte und nicht nur nehmen. Dieser Prozess des Austauschs in einer Beziehung sollte auf spiritueller Ebene beginnen.

Ich weiß nicht, wie es ihr weiter erging, aber als ich diese Geschichte in einem Seminar berichtete, erzählte eine Frau der Klasse: „Ich habe meinen Seelenpartner gefunden und er kennt alle Schuhmodelle und genießt es, mit mir einkaufen zu gehen und ist trotzdem ein männlicher Mann."

Offensichtlich war dies ein verständnisvoller, heterosexueller Mann aus Kalifornien.

DATING

Wenn du jemanden getroffen hast und diese Person mit dir ausgehen möchte, was ist dann zu tun? Es gibt einige Menschen, die im Hinblick auf Verabredungen gecoacht werden müssen. Und es gibt die, die sich *verabreden*, und solche, die *heiraten*. Welcher Typ bist du? Bist du der „Heirate mich"-Typ? Willst du dein Leben mit jemandem in einer monogamen Beziehung verbringen? Wenn du das möchtest, dann solltest du das in deiner Realität manifestieren und nicht eine Serie von Verabredungen. Dann in letzterem Fall betrügst du dich nur selbst.

Blinddates sind nicht besonders erfolgversprechend, um dieses Ziel zu erreichen. Es gibt bessere Arten, deinen Seelenpartner zu finden. Du musst genau wissen, was du möchtest, damit du keine verwirrenden Anfragen ans Universum schickst.

AFFIRMATION FÜR SEELENPARTNER

Um die richtige Verabredung zu dir zu bringen, kannst du folgende Affirmationen versuchen. Eine Affirmation ist eine Erklärung gegenüber deinem Unterbewusstsein und dem Universum, was du von ihnen erwartest.

Lies diese Affirmationen 10 Tage lang, jede Nacht bevor du schlafen gehst:

„Jeden Tag und in jeder Hinsicht werde ich besser."

*„In jeder Hinsicht erlaube ich dem Universum,
mir meinen passenden Seelenpartner zu bringen."*

*„Mein passender Seelenpartner wird zur
rechten Zeit in mein Leben treten."*

„Ich werde immer besser und besser."

„Ich ehre diese Liebe."

„Ich verdiene diese Liebe."

„Ich bin der Hauptgewinn."

Online Dating

Das Internet ermöglicht uns bessere Kommunikation als je zuvor. Auf der ganzen Welt sprechen Menschen miteinander, und viele treffen sich online auf Dating-Seiten. Anfangs erscheint dies womöglich als eine gute Idee, und einige Menschen finden online auch ihre wahre Liebe. Aber Online-Dating bringt auch eigene Probleme mit sich.

Online müssen sich die Menschen nicht so zeigen, wer sie wirklich sind. Das ist ein Element der Illusion. „Raubtiere" nutzen diese Art, um sich selbst als friedlich zu präsentieren, und Verheiratete nutzen es, um Affären anzufangen.

Wenn du schließlich jemanden triffst, den du online kennengelernt hast, ist die Person vielleicht nicht einmal annähernd so, wie sie sich präsentiert hatte. Manche präsentieren sich auch mit einer anderen sexuellen Orientierung.

Wenn du ein Treffen vereinbarst, sind persönliche Sicherheitsmaßnahmen unverzichtbar. In der Welt gibt es sehr viele Menschen, und einige von ihnen sind nicht wirklich nett. Wenn du jemanden online kennenlernst und ihn dann irgendwann persönlich treffen willst, dann tue das an einem öffentlichen Ort und lass dich von einem Freund begleiten.

Das Frühstadium

Egal, wie Menschen einander begegnen, beide Parteien müssen übereinstimmend der Meinung sein, dass sie wirklich für einander passende Seelenpartner sind, um eine Beziehung zu beginnen. Es ist vielleicht nicht von Anfang an offensichtlich, dass sie Seelenpartner sind. Eine Person erkennt womöglich früher als die andere, dass sie die wahre Liebe gefunden hat.

Wenn du diese Person bist, ist es wichtig, dass du deinen Seelenpartner nicht verjagst, indem du zu überschwänglich bist. Beide Partner benötigen unterschiedlich viel Zeit, um zu erkennen, was passiert. Dies liegt mehrheitlich an den Ängsten, die in vergangenen Beziehungen entstanden sind.

Ich habe ebenfalls beobachtet, dass viele Menschen das Seelenpartner-Konzept bei ihrem ersten Date als „Lockangebot" nutzen. Sie sagen der Person, dass sie sie aus einem vergangenen Leben kennen. Dieses „Lockangebot" breitete sich in einigen spirituellen Kreisen rasant schnell aus, wie etwa auch die Frage „Was ist dein Sternzeichen?"

Es gibt wenig, was noch beunruhigender ist, als wenn jemand, den du gerade zum ersten Mal triffst, dir sagt, dass er dich aus einem vergangenen Leben kennt und dass ihr Seelenpartner seid.

DATING UND SEX

Wenn du eine Person triffst und Gefühle für sie empfindest, solltest du herausfinden, ob diese tief und bedeutungsvoll sind oder nur auf körperlicher Anziehung basieren. Körperliche Anziehung ist ein sehr starker Instinkt, sollte aber nicht mit Gefühlen verwechselt werden, die wir für einen richtigen Seelenpartner haben. Obschon du von deinem göttlichen Partner sexuell angezogen sein wirst, solltest du den Unterschied zwischen Hormonen und Spiritualität kennen. (Jedoch sollte ich auch erwähnen, dass ich von Menschen gehört habe, die eine platonische Beziehung mit ihrem Seelenpartner hatten und mit diesem Arrangement glücklich waren.)

Die meisten Menschen zeigen ihren Kindern nicht, wie sie sich richtig mit einem möglichen Partner verabreden können, und in der Schule wird es sicherlich auch nicht gelehrt. Auch wird den meisten Kindern nicht beigebracht, dass Sex spirituell mit dem was wir sind, verbunden ist. Meines Erachtens sollten Jugendliche verstehen, dass beim Sex ein Energieaustauch stattfindet, der sieben Jahre lang an ihrem physischen und ätherischen Körper als Abdruck haftet.

Darum ist es wichtig, dass du mit jemandem ein Date hast der passend für dich ist. Mache keine „Mitleid-Dates" und auch keine „Sport-Dates." Beides ist für das spirituelle Wachstum nicht förderlich.

Wissenschaftler haben kürzlich entdeckt, dass Menschen beim Sex ihre DNA im Körper des anderen hinterlassen. Unsere Kenntnisse erlauben noch nicht zu sagen, wie viel dieses „DNA-Austausches" förderlich ist, aber in der Übertragung von Krankheiten ist es definitiv nicht förderlich.

Zum Beispiel haben Ärzte kürzlich Spuren der DNA des Ebola-Virus im Sperma eines Mannes entdeckt, der sich von der Krankheit während des Ausbruches in Afrika erholt hatte. Er wurde drei Monate lang positiv auf die Ebola DNA getestet, bevor diese schließlich nicht mehr nachweisbar war. Denn das Fortpflanzungssystem ist vom Rest des Körpers isoliert, sodass auch Viren und Bakterien länger in dieser geschützten Zone überleben können. Sie können im Fortpflanzungssystem, aber nicht im Blut sein.

Damen, ihr seid der Hauptgewinn

Eine meiner Klientinnen sagte mir, sie verstehe nicht, warum die Männer sie verlassen, nachdem sie mit ihnen im Bett war. Meine Damen, ihr solltet nicht zu früh in einer Beziehung Sex mit einem Mann haben. Du musst dich selbst als Hauptgewinn sehen, das behütete Geschenk und nicht die Trophäe. Es ist ein Fehler, eine attraktive Person zu sehen und zu denken, dass sie der Preis ist. Das ist in Ordnung, solange du dich selbst genauso wertschätzt wie die Person. Aber was macht dich zum Hauptgewinn? Was macht dich zum großen Fang?

Denk daran, dass du der Hauptgewinn bist und Sex nur die Zuckerglasur auf dem Kuchen, also sei nicht überall der Zuckerguss!

Je mehr Energie du mit Karotten verbrauchst, also mit Menschen, die nicht deine Seelenpartner sind, desto weniger kannst du zu deinem Seelenpartner hinausschicken.

Bevor du mit einer Person Sex hast, stelle sicher, dass es jemand ist, mit dem du zusammen sein möchtest. Erforsche eine Person, bevor du in der Beziehung zu weit gehst. Im Zusammenhang mit dem Erforschen eines künftigen Partners solltest du keine Schuldgefühle haben.

DAS MÄNNLICHE UND WEIBLICHE GEHIRN

Beim Dating solltest du berücksichtigen, dass Männer und Frauen ihr Gehirn unterschiedlich nutzen. Es wurde viel zur Theorie der rechten und linken Gehirnhälfte publiziert. Es heißt, dass Männer die linke und Frauen die rechte Gehirnhälfte mehr nutzen. Wie beeinflusst das die Interaktion?

Wenn wir zurück in den Mutterleib gehen, wird der Körper eines männlichen Babys im vierten Monat von Testosteron durchflutet, dies gibt seinem Gehirn höchstwahrscheinlich die Orientierung nach links. Die Betonung der linken Gehirnhälfte hilft, ihm sich intensiv auf eine Sache zu konzentrieren. Er wird also ein guter Jäger, Krieger und Beschützer sein. Dies ist ein Kriterium der evolutionären Entwicklung. Aber seit 1970 wurden immer mehr und mehr Jungen mit Eigenschaften der rechten Gehirnhälfte geboren. Die Energie der rechten Gehirnhälfte gibt uns die Fähigkeit, anderen einfühlsam zu begegnen und mehrere Aufgaben auf verschiedenen Ebenen gleichzeitig zu erfüllen.

Jeder wird mit der Tendenz, ob er mehr die rechte oder linke Gehirnhälfte nutzt, geboren. Wenn eine Frau mehr auf die linke Gehirnhälfte orientiert ist, wird sie sehr gut mit Männern auskommen. Doch wird sie sich unter Umständen mit anderen Frauen weniger gut verstehen, da sie sie nicht gut einordnen kann. Ebenso kann ein Mann mit Orientierung der rechten Gehirnhälfte gut mit Frauen arbeiten.

In einer Beziehung, sei sie hetero- oder homosexuell, werden sich diese Tendenz zur rechten oder zur linken Gehirnhälfte auch zeigen und die Personen, unabhängig vom Geschlecht, die männliche und die weibliche Rolle übernehmen.

In meiner Ehe sind die Rollen manchmal unkonventionell vertauscht. Da ich große Gruppen unterrichte, nehme ich in erster Linie mehr eine „männliche Rolle" in unserer Beziehung an, und wäre mein Ehemann seiner Männlichkeit nicht sicher, würde unsere Beziehung um einiges schwieriger.

Um uns dieser unkonventionellen Beziehung anzupassen, haben wir beide unsere Überzeugungen im Hinblick auf unsere Rollen verändert. Wenn Guy anfängt, mir etwas über seinen Tag zu erzählen, nehme ich die männliche Rolle ein und versuche es sofort gerade zu rücken, ohne zu verstehen, dass Guy es nicht geradegerückt haben möchte, sondern dass er nur darüber reden möchte, wie es auch die Frauen gerne machen. Ich versuche, es gerade zu rücken, da ich jeden Tag Verantwortung übernehme. Wir wechseln nicht immer die Rollen. Manchmal ist unsere Interaktion auch sehr konventionell.

Ein interessanter Punkt im Hinblick auf die Interaktion zwischen Mann und Frau ist, dass viele Menschen sagen, dass Männer sich nicht mit ihren Gefühlen verbinden können. Ich habe festgestellt, dass Männer tiefe Gefühle haben, aber die Art wie sie diese ausdrücken, unterscheidet sie von den Frauen. Ich kannte Männer, die sofort gestorben sind nach dem Tod ihrer Frau, mit der sie 50 Jahre verheiratet waren. Sie scheinen außerstande zu sein, sich anzupassen, so wie es viele Frauen können. Nach dem Tod eines Partners sind die meisten Frauen in der Lage, vorwärtszugehen und nach einigen Jahren nochmals zu heiraten oder auch noch weitere 20 Jahre zu leben.

Viele Unterschiede existieren zwischen den Geschlechtern, und diese Unterschiede helfen, unsere Beziehung zu unserem Seelenpartner zu verbessern, wenn wir sie nur besser verstehen. Der Schlüssel ist, das Gehirn zu mehr Ausgeglichenheit zu trainieren, damit die linke und rechte Gehirnhälfte zusammenarbeiten.

RECHTE UND LINKE GEHIRNHÄLFTE AUSGLEICHEN

1. Zentriere dich in deinem Herzen, und schicke deine Energie hinunter in Mutter Erde, die Teil ist von Allem was Ist.

2. Gehe hoch, aus deinem Kronen-Chakra in einem Lichtball hinaus, und projiziere dein Bewusstsein, an den Sternen vorbei ins Universum.

3. Gehe am Universum vorbei, durch die verschiedenen Lichtschichten, durch das goldene Licht, durch die geleeartige Substanz, die die Gesetze sind, in ein irisierendes weißes Licht, in die Siebte Ebene der Existenz.

4. Gib deinem Unterbewusstsein die Anweisung und bitte den Schöpfer:

„Schöpfer von Allem was Ist, es ist angewiesen,
dass die männlichen und weiblichen Aspekte von
[Person] ausgeglichen werden, auf die höchste und beste
Weise, wie es zu dieser Zeit angemessen ist. Danke!
Es ist vollbracht, es ist vollbracht, es ist vollbracht.“

5. Bewege dein Bewusstsein über den Raum der Person. Gehe in ihr Gehirn, und bezeuge, wie die männlichen und weiblichen Aspekte ausgeglichen werden auf die für die Person angemessenste Weise.

6. Wenn der Prozess abgeschlossen ist, reinige dich mit der Siebten-Ebenen-Energie und bleibe mit ihr verbunden.

SCHICKE DEM BABY IM MUTTERLEIB LIEBE

Diese Übung ist für Männer und für Frauen. Viele Menschen, die ThetaHealing schon genutzt haben, haben diese Übung bereits gemacht, also ist sie für diejenigen, die es noch nie erlebt haben.

Ich nutze diese Übung im Hinblick auf Seelenpartner, weil viele Menschen darüber verwirrt sind, was für eine Art Liebe sie in einer Seelenpartnerbeziehung möchten. Wenn du nicht verstehst, wie es sich anfühlt, von deinem Vater oder deiner Mutter geschätzt, genährt und geliebt zu sein, dann erschaffst du womöglich in deiner Beziehung diese Art von Liebe mit deinem Gegenüber. Einige Menschen sagen, dass Frauen ihren Vater und Männer ihre Mutter in der ersten Beziehung suchen.

Ich habe einmal eine wunderschöne Frau getroffen, die das Gefühl hatte, ihr Ehemann sei gleichzeitig ihr Vater, Freund und Ehemann. Für sie füllte er die Rolle des Vaters, weil sie ihren Vater nie geliebt hatte. Damit fühlte er sich unwohl, da er diese Rolle nicht ausfüllen wollte. Diese Art von Beziehung kann verwirrend sein.

Wir haben, womöglich ohne es zu wissen, noch nie die richtige Art von Liebe gespürt. Sich von Beginn unseres Lebens an geliebt zu fühlen, kann wichtig werden für unsere Beziehungen und großen Einfluss im Hinblick auf unsere allgemeine Gesundheit haben, wenn wir älter werden.

Es ist wichtig, dass du weißt, wie es sich anfühlt vom Moment der Zeugung an von deinen Eltern geliebt zu sein. Wie wurdest du gezeugt? Was für eine Situation herrschte damals? Als deine Eltern die Schwangerschaft feststellten, wie haben sie sich dabei gefühlt? Warst du gewollt oder ungewollt? Wurdest du zur Adoption freigegeben? Wurde eines deiner Geschwister mehr geliebt als du?

Einige von euch wurden womöglich geboren, als Verhütungsmittel viel weniger als jetzt genutzt wurden. War deine Mutter glücklich, als du geboren wurdest, oder war sie überwältigt? Wie wurdest du bei deiner Geburt empfangen?

Vom Moment der Zeugung nehmen wir alles wahr, was um uns herum vorgeht. Hierzu gehören auch die Gefühle, Emotionen und Überzeugungen unserer Mutter. Gefühle des Überwältigt-Seins, kein Kind zu wollen und anderer Stress kann auf uns übergegangen sein und unsere Noradrenalin- und Serotonin-Spiegel beeinflussen. Einige von uns beginnen auch als Zwillinge im Mutterleib. Die Natur erlaubt aber nur etwa einem Drittel der Zwillinge, die empfangen werden, zu überleben. Dies schafft beim verbleibenden Zwilling manchmal das Gefühl von Einsamkeit. Abtreibungsversuche können ein Individuum ebenfalls beeinflussen.

Die alten Hawaiianer hielten es für falsch, in der Gegenwart einer schwangeren Frau Streit und Missstimmung zu haben. Wenn dies passierte, drohte dem Paar nach der Geburt des Kindes eine Strafe. Der Glaube war, dass Babys die besten Überlebenschancen haben, wenn sie vom Moment der Zeugung mit guter Energie und guten Schwingungen umgeben sind.

Über was haben deine Eltern gesprochen, als du geboren wurdest? Herrschte dort freudige Erwartung und eine Energie der Begrüßung, oder gab es Streit? Umarmten sie die Tatsache deiner Ankunft? Wann bist du auf die Welt gekommen, war es warm? Wurdest du deiner Mutter weggenommen? Wurdest du gestillt?

All diese Erinnerungen lagerst du in deinem Körper. Wie ein Schwamm hast du jedes Wort, das gesprochen wurde, aufgesaugt. Welche Worte haben dich unpassend, wertlos, schuldig, wundervoll, oder stolz dich selbst fühlen lassen? Um alle negativen Energien aus dieser Zeit zu entlassen und um zu verstehen, wie es ist geliebt zu sein, kannst du Liebe in den Mutterleib schicken.

DEM BABY IM MUTTERLEIB LIEBE SENDEN

1. Zentriere dich in deinem Herzen, und schicke deine Energie hinunter in Mutter Erde, die Teil ist von Allem was Ist.

2. Gehe hoch, aus deinem Kronen-Chakra hinaus in einem Lichtball und projiziere dein Bewusstsein hinaus, an den Sternen vorbei ins Universum.

3. Gehe am Universum vorbei, durch die verschiedenen Lichtschichten, durch das goldene Licht, durch die geleeartige Substanz, die die Gesetze sind, in ein irisierendes weißes Licht, in die Siebte Ebene der Existenz.

4. Sammle bedingungslose Liebe und gib die Anweisung:

„Schöpfer von Allem was Ist, es ist angewiesen, dass Liebe, Genährtsein, Mitgefühl und Akzeptanz zu [dir oder einer anderen Person], als Baby im Mutterleib, geschickt wird. Danke! Es ist vollbracht, es ist vollbracht, es ist vollbracht.“

5. Gehe nun hoch und bezeuge, wie die bedingungslose Liebe des Schöpfers das Baby umhüllt, ob du es selbst bist, dein eigenes Kind oder deine Mutter oder dein Vater. Bezeuge, wie Liebe den Mutterleib füllt, und beobachte, wie sie den Fötus umhüllt und alle Giftstoffe und negativen Emotionen eliminiert und die Person mit Liebe umhüllt, vom Anbeginn ihres Lebens, durch ihr ganzes Leben hindurch und darüber hinaus.

6. Sobald der Prozess abgeschlossen ist, reinige dich mit der Siebten-Ebenen-Energie und bleibe mit ihr verbunden.

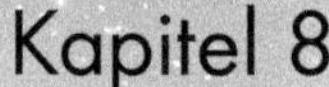

Kapitel 8

RATSCHLÄGE FÜR FRAUEN

Frauen, wenn ihr interessiert seid, dann sage ich euch, was Männer wollen … Sie wollen, dass du freundlich, süß, wundervoll, liebevoll und lustig bist. Du solltest jemand sein, mit dem man Spaß haben kann und dem man nahezu alles erzählen kann. Wenn es um besondere Zeiten geht, dann wollen Männer, dass du ein wirklich nettes Mädchen bist, bis ihr im Schlafzimmer seid. Dann bevorzugen sie ein bisschen mehr Leidenschaft.

Was möchtest *du*? Viele Frauen haben ein Bild von dem Typ Mann, den sie möchten. Es ist vielfach ein Mann, der mutig und gutaussehend ist, klug, reich, freundlich, liebevoll und akzeptiert, mit einer starken männlichen Energie und der richtigen Menge an Muskeln. Einverstanden, aber wenn er Muskeln hat, muss er etwas tun, damit er sie bekommt. Er wird sich mit verschiedenen Dinge beschäftigen und Zeit dafür benötigen: Sport, Training und Aktivitäten unter freiem Himmel, jedoch weniger zuhause!

Ein Thema bei vielen Frauen, mit denen ich über das Finden eines Seelenpartners spreche, ist: Sie wünschen sich einen „männlichen Mann", aber sobald sie ihn haben, wollen sie ihm seine Männlichkeit nehmen! Oder sie wollen sich von Anfang an nicht die Mühe machen, ihn zu bekommen, insbesondere, wenn es bedeutet, dass dazu in ihrem eigenen Leben Veränderungen notwendig werden. Sie wollen mit einem männlichen Mann zusammen sein, wollen aber auch mit ihm zuhause bleiben und Fernsehen, oder shoppen gehen.

Was weißt du über Männer? Wenn du dich von ihnen angezogen fühlst, ist es wichtig, dass du dir im Hinblick auf sie Wissen aneignest, damit du mit einem von ihnen eine Beziehung führen kannst.

Ich arbeitete einst in einer von Männern dominierten Branche und stellte fest, dass Männer manchmal verdorbene, ekelhafte Kreaturen sein können, wenn es um ihre animalischen Tendenzen und Triebe gegenüber Frauen geht. Es bleibt immer unausgesprochen, muss aber gesagt sein: Schlafe nicht mit jedem am Arbeitsplatz. So bewahrst du dir den Respekt deiner männlichen Kollegen. Dann kannst du mit ihnen eine gute Freundschaft haben.

Für mich war es hilfreich, dass ich die meisten Dinge, die auch ein Mann kann, machen konnte (Schießen und mich mit jemandem intensiv im Konflikt auseinandersetzen). Ich konnte besser mit Feuerwaffen umgehen als die meisten von ihnen, und genauso gut konnte ich auch jagen. So entstanden Freundschaften mit Männern, die die meisten Frauen nicht haben. Diese Zusammenarbeit gab mir Einsichten, die ich brauchte, um mir den Mann zu manifestieren, den ich wollte.

Als ich mich scheiden ließ, setzte ich mich hin und reflektierte meine Situation. Ich dachte darüber nach, was für eine Person ich bin, und überlegte mir, was für einen Mann ich anziehen möchte. Ich wollte mit jemandem zusammen sein, der sein Leben mit mir teilen möchte. Ich wollte einen Mann, der gern an der frischen Luft ist, der körperlich stark war, aber auch romantisch, hingebungsvoll, monogam und poetisch – und ich bekam, alles was ich wollte, denn ich traf Guy.

Ich wusste, dass ich nicht mit einer Person, die gerne im Freien ist, zusammen sein konnte, wenn ich in Situationen draußen zimperlich und nutzlos war. So habe ich gelernt, im Freien zu arbeiten, um mich auf die Art von Person vorzubereiten, die ich anziehen wollte.

Ich wusste auch, dass ich nicht hilfsbedürftig sein wollte. Durch „klammernde", hilfsbedürftige Energien hältst du Menschen von dir fern. Ich wollte attraktiv genug für die Person sein, die ich wollte, damit sie mich erobern will. Ich wollte nicht die sein, die erobern musste. Dies war die beste Entscheidung, die ich je getroffen habe, da das Balzritual des „Jagens" natürlich zwischen Mann und Frau ist, und in der Regel jagt der Mann die Frau. Im umgekehrten Fall ist der Mann verwirrt und rennt weg. Damit es funktioniert, muss er fasziniert genug sein, der Frau nachzugehen. Diese Erkenntnis half mir, etwas Erstaunliches zu erschaffen.

Als ich begann, Seminare zu unterrichten, sah ich, wie Frauen in ihrer kleinen Welt saßen und zwar erklärten, was für einen Mann sie wollten, jedoch nie die Anstrengung unternahmen, ihn zu finden. Als Anstrengung galt dann schon, dass sie in eine Bar gingen. Obschon es nicht so ist, dass man keine guten Menschen in Bars antrifft, gibt es dort aber auch echt viele „Widerlinge". Wenn du dir einen Mann angeln möchtest, ist eine Bar der falsche Ort für einen Köder, da du im Allgemeinen dort die falschen Fische anziehen wirst.

Im Hinblick auf Orte für Verabredungen sollte eine Frau wissen, dass es da draußen Männer gibt, die alles sagen würden, um Sex zu bekommen. Ich hatte einmal einen Klienten, der mir verriet, wenn er Sex wolle, besuche er einen kirchlichen Tanzabend: „Ich verspreche ihnen, dass ich Gott liebe, und manchmal sogar, dass ich sie heiraten werde, und normalerweise kriege ich die Frau in derselben Nacht rum." Andere Klienten erzählten mir, dass sie in den Lebensmittelladen gehen, um dort einsame Hausfrauen aufzureißen, weil es dort keine Verpflichtungen gäbe.

Frauen, geht nicht mit jedem aus, wenn ihr nicht vorhabt, die Person zu heiraten, oder zumindest die Idee habt, dass ihr mit der Person eine Beziehung führen möchtet. Wenn du ihn anschaust und du würdest nicht mit ihm zusammen sein wollen, dann gehe nicht mit ihm aus. Mache keine Wohltätigkeits-Dates.

Das sage ich, weil Frauen die Tendenz haben, sich aus den falschen Gründen in Beziehungen einzulassen. Jedoch verlangsamt dies einfach den Prozess, deinen Seelenpartner zu finden.

Gib nicht zu schnell nach, um Sex mit jemandem zu haben. Männer mögen Frauen, die schnell mit ihnen ins Bett gehen, nehmen sie jedoch nicht nach Hause um sie ihrer Mutter vorzustellen. Wenn du einen Mann möchtest, der dich liebt und respektiert, gib dich ihm nicht sofort hin. Ein Mann respektiert eine Frau, die es ihm ein bisschen schwerer macht. Männer werden so stark von Hormonen gesteuert, dass es scheint, als ob sie nur eines wollten. Es ist deine Verantwortung, ihnen auf nette Art *Nein* zu sagen. Freigiebigkeit an dieser Stelle wird deinen Ruf schädigen und der ist wichtig.

Wenn du dich sexuell zu einer Person hingezogen fühlst, kann dies am Austausch von Pheromonen liegen. Diese Chemikalien werden unwillkürlich von Individuen einer Spezies ausgeströmt, um eine soziale Reaktion unter ihren Artgenossen und Artgenossinnen zu erzeugen. Verschiedene Arten von Pheromonen können ein weites Spektrum an Handlungen und Reaktionen auslösen. Wir werden sie nun zur Vereinfachung als Nachrichten bezeichnen, die zwischen zwei Menschen durch Körperchemikalien ausgetauscht werden.

Dies bedeutet nicht, dass die ganze Anziehung nur auf Gerüchen basiert, die vom Körper ausgeschieden werden. Aber Frauen und auch Männer sind psychologisch und körperlich aus verschiedenen Gründen programmiert, auf die verführerischen Gerüche eines Gegenübers zu reagieren. Die menschliche Chemie zwischen Mann und Frau geht weit über die tierische Anziehung hinaus.

Frauen, lasst euch gesagt sein, es gibt einiges, was anzeigt, dass die Chemie zwischen euch beiden stimmt. Aber lasse dich nicht verleiten. Nur weil jemand mit dir ausgeht, bedeutet das nicht, dass er dich seiner Mutter vorstellt und dich heiratet.

Wenn also eine Person mit dir ausgeht, ihr trefft euch und seid zueinander hingezogen, aber nach der Verabredung ruft er dich nicht an, um eine weitere Verabredung abzumachen.

Im Allgemeinen bedeutet das, dass er nicht an dir interessiert ist. Versuche *nicht*, ihn anzurufen. Wahre einen kühlen Kopf und Distanz und lebe dein Leben unbesorgt weiter. Eine Person täglich anzurufen, gilt als Verzweiflung oder Stalking. Wenn die Chemie zwischen euch wirklich stimmt, werden die Dinge auf natürliche Art geschehen, und er wird das Verlangen haben, dich anzurufen und dich wiederzusehen.

SENDE DIE RICHTIGEN SIGNALE

Dein Seelenpartner wird dich finden, wenn du die richtigen Signale ins Universum aussendest:

- Putz deine Zähne und halte eine gute persönliche Hygiene.

- Trage angemessene Kleidung, die einen guten Eindruck von deiner Figur gibt, ohne zu freizügig zu sein.

- Trage einen Mondstein. Er kann dir helfen, deinen Seelenpartner zu dir zu bringen, regt klare Träume an, verstärkt übersinnliche Fähigkeiten und beruhigt Emotionen.

- Wähle einen bestimmten Duft und trage ihn jedes Mal, wenn du ausgehst. Dies machen wir, damit der Duft im Geist deiner Verabredung gespeichert bleibt. Wenn er den Duft später riecht, wird er an dich denken. Offen gesagt, wenn mehr Frauen Parfüm tragen würden und eine gute Körperhygiene hätten, würden sie häufiger zu einem Rendezvous eingeladen werden.

- Vermeide es, zu viel über deine früheren Beziehungen zu sprechen. Konzentriere dich besser darauf, mehr von deinem

Gegenüber zu erfahren. Lass deinen Partner offen über sich selbst sprechen, ohne ihn zu verhören, denn das kann bloßstellend sein.

- Es ist keine gute Idee, ihm zu sagen, dass du denkst, er sei dein Seelenpartner und du wollest ihn heiraten.

- Finde heraus, für was er sich interessiert, was er mag und sei etwas flexibel. Wenn ihr einige Dinge gemeinsam genießen könnt, erhöht das die Chancen für eine gemeinsame Beziehung. Ein Mann interessiert sich für eine Frau, die „männliches" Streben verfolgt und umgekehrt. Dies ist ein besonderes Merkmal, dass dich für das andere Geschlecht anziehender macht. Viele Menschen erwarten, dass sich ihr Seelenpartner vollständig in sie verliebt und ihnen zu Füßen liegt, aber in Wirklichkeit ist es nützlich, gemeinsame Interessen zu haben. In Beziehungen geht es nicht nur um dich.

- Bring dich in die Position, in der du von dem Typ von Person, den du anziehen möchtest, gesehen wirst. Wenn du deine ganze Welt darauf ausrichtest, Dinge mit anderen Frauen zu tun, wird es schwierig sein, einen Mann anzuziehen. Gemeinschaftsveranstaltungen sind gute Orte, um Menschen zu treffen. Wenn deine Karriere nicht ausgelegt ist, Menschen zu treffen, mache etwas nebenbei. Jedoch bist du nicht eine Person am „jagen", du „ziehst" jemanden zu dir. Wählst du, dich ins Zentrum des Geschehens zu bewegen, denke daran, Alkohol schafft eine schwache Moral. Vermeide es, zu viel zu trinken, damit du gute Entscheidungen treffen kannst.

- Es ist wichtig, dein Selbstvertrauen zu entwickeln. Du musst den Glauben an dich haben und wissen, dass dein Seelenpartner kommt, aber gleichzeitig musst du wissen, dass es dir auch ohne ihn gutgeht.

- Viele Frauen glauben, dass hübsche Männer oberflächlich sind. Dies ist keine Wahrheit und spielt sich üblicherweise nur im Kopf der Frau ab.

- Für Männer ist es schwierig, Frauen auf ein Rendezvous einzuladen. Einige Männer sind sehr schnell verletzt, wenn sie zurückgewiesen werden. Aber du solltest einem Mann erlauben, sich um dich zu bemühen. Wenn er wirklich interessiert ist, wird er sich um dich bemühen.

- Wenn du in einer vielversprechenden Beziehung bist, versuche, nichts Schlechtes über seine Mutter zu sagen. Auch wenn er selbst etwas Negatives äußern sollte, gehe nicht darauf ein.

- Vermeide es, dich auf verheiratete Männer einzulassen. Jeder verdient es, die Nummer eins im Leben des Partners zu sein.

- Versuche nicht, einen Mann zu sehr zu verändern. Frauen versuchen oft, einen Mann zu dem zu machen, was sie möchten, anstatt zu dem, was der Mann ist. Es gibt immer Raum für Wachstum, aber Veränderung ist bei einigen Personen unrealistisch.

DIE DEFINITIONEN DES SCHÖPFERS

In der modernen Gesellschaft denken viele Frauen, dass sie „so gut wie ein Mann" sind. Zu dieser Denkweise habe ich Einiges zu bemerken. Wenn eine Frau dieselbe Arbeit wie ein Mann macht und sie gleich gut macht, sollte sie auch genauso bezahlt werden und dieselben Aufstiegschancen erhalten. Wenn es aber um Seelenpartner geht, ist dies nicht das Thema. Irgendwo in der sexuellen Geschlechterrevolution haben wir vergessen, dass wir Frauen sind. Wir haben vergessen, was die Macht einer Frau ist. Die Energie der Göttin wohnt in jeder Frau, und ich glaube es ist an der Zeit zu feiern, was wir sind und welche Macht wir haben – Mitgefühl, Freundlichkeit und die Fähigkeit, ein Kind zu gebären und als Mutter aufzuziehen. Ebenfalls haben wir die Fähigkeit, unseren Partner zu lieben und uns um ihn zu sorgen wie niemand anders – mit der besonderen weiblichen Note. Jede Frau sollte Gottes Definition einer Frau kennen und sollte eine sein, nicht nur bei der Arbeit, sondern auch zuhause.

Dasselbe gilt für Männer. In dieser Welt der Veränderung, in der Menschen versuchen zu definieren, was ein Mann sein und was er nicht sein sollte, empfiehlt es sich, die Definition des Schöpfers von einem Mann zu kennen. Laut dieser ist ein Mann stark, er beschützt die, die er liebt, und ist fürsorglich und kann Entscheidungen treffen.

In jeder Beziehung werden die Partner männliche und weibliche Rollen aufgreifen. Männlich und weiblich sind Partner in einer Seelenpartner-Beziehung, sodass sie zusammenarbeiten und die Fähigkeiten nutzen, die Gott ihnen gegeben hat und die erweckt werden sollten.

Kapitel 9

RATSCHLÄGE FÜR MÄNNER

Männer, fragt euch, was ihr euch wünscht: Möchtest du eine Frau, die hochhackige Schuhe trägt und schöne Kleider? Möchtest du nur eine Frau, die an deiner Seite gut aussieht, oder eine, die alles mit dir teilt? Möchtest du jemanden finden, der deine Interessen im Freien mit dir teilt? Dann sind Golf und Federball gute Kompromisse.

Wenn du nette Frauen treffen möchtest, besuche ein metaphysisches Seminar! Im ThetaHealing-Institut mussten wir Bäume pflanzen, damit die Männer beim Vorbeifahren nicht die Geschwindigkeit verlangsamten, um die Frauen anzustarren, die im Garten Glaubensarbeit machten. Einige Ortsansässige hielten mitten auf der Straße an um die italienischen Besucherinnen zu begaffen. Du hast keine Vorstellung davon, wie viele Männer unsere Seminare besuchen nur, um Frauen zu treffen. Ironischerweise gehen die Frauen, die ins Institut kommen, hinaus und spielen Golf, weil sie denken, dass ihnen dort die Männer begegnen.

Aber, meine Herren, wenn ihr Sex haben wollt, schließt dieses Buch wieder. Das Thema dieses Buches ist nicht „Sport Dating". Es wird dir auch nicht dabei helfen. In diesem Buch geht es darum, emotional zu wachsen, damit du eine anständige und zuverlässige Beziehung führen kannst. Wisse, wer du bist und was du willst, und arbeite an dem, was du noch verbessern kannst. Sex wird es auch geben, wenn du geduldig bist.

Um mit einer Frau eine Beziehung zu führen, benötigst du zuverlässiges Wissen über Frauen – oder mindestens ein grundlegendes Verständnis für die weibliche Psyche. Es wird dir helfen, die Bedürfnisse einer Frau zu verstehen.

In der modernen Zeit sind Frauen in allen Aspekten der Gesellschaft stärker geworden. Die Kontrolle, der sie unterlagen, ist zumindest in den entwickelten Ländern deutlich geringer geworden. Dadurch haben sie nun andere Erwartungen gegenüber Männern. Früher suchten sie einen Mann, der sie unterstützt, aber dies ist mittlerweile ein weniger wichtiger Impuls. Nun erwarten sie, dass Männer sensibler sind und trotzdem noch Männer. Manche Männer halten das für einen unrealistischen Wunsch. Allgemein müssen Männer nun einen Kompromiss finden zwischen der Sensibilität für die Bedürfnisse einer Frau und ihrer eigenen Männlichkeit.

Einige Frauen sind jedoch traditioneller eingestellt. Sie wollen einen Mann, der attraktiv, stark, selbstsicher und finanziell unabhängig ist. Wenn du eine solche Frau suchst, dann musst du diese Rolle materiell erfüllen, um sie anzuziehen.

Es gibt jedoch da draußen auch Frauen, die mit einem Mann gemeinsam etwas aufbauen wollen, vorausgesetzt, sie nehmen die erste Stelle in seinem Leben ein. Dieser Aspekt einer Beziehung ist der Schlüssel zu jeder Frau. Wenn sie das Gefühl hat, das Wichtigste in deinem Leben zu sein, dann steigert das die Qualität deiner Beziehung. Wenn aber deine Männerfreunde für dich wichtiger sind, können Probleme zwischen euch beiden entstehen. Dies wird auch der Fall sein, wenn deine Mutter eine größere Rolle spielt als deine Partnerin.

SENDE DIE RICHTIGEN SIGNALE

Deine Seelenpartnerin wird dich finden, wenn du die richtigen Signale ins Universum aussendest. Bei einem Reading für einen Mann, der sein ganzes Leben lang alleine gelebt hatte, erkannte ich, dass er seine Seelenpartnerin treffen würde und teilte ihm das mit. Er zweifelte daran und entgegnet, er habe schon zu lange allein gelebt und glaube nicht, dass sich das je ändern lasse. Er sei zu alt, um sich zu verlieben. Das ist die falsche Art von Signal für das Universum.

Eines Tages ging er mit seinem Hund spazieren. Der führte ihn zu einem anderen Hund, der auf demselben Weg ging. Am anderen Ende der Leine war die Liebe seines Lebens. Sie war noch nie verliebt und hatte noch nie einen Ehemann. Sie verliebten sich und waren wie Zwanzigjährige.

Sei also vorbereitet, und sende die richtigen Signale:

- Gute persönliche Hygiene ist sehr wichtig, und du solltest dich so gut wie möglich anziehen. Deodorant, saubere Zähne und Nägel sind eine sehr gute Idee.

- Sei selbstbewusst, jedoch nicht überheblich.

- Viele Männer glauben, dass hübsche Frauen oberflächlich sind. Dies ist eine Unwahrheit und gilt üblicherweise nur in der Vorstellung der Männer.

- Es ist wichtig, dass du hartnäckig bleibst beim Umwerben einer Frau. Doch du darfst sie weder belästigen, noch selbst verzweifelt wirken.

- Lerne, romantisch zu sein. Frauen mögen Romantik. Sei romantisch, sobald ihr beieinander seid. Im Allgemeinen sind Männer nur so lange romantisch, bis sie die Frau „erobert" haben. Danach bemühen sie sich nicht mehr.

- Macht zusammen auf einen Ausflug, bevor du ein Versprechen gibst. Dies ist eine der besten Möglichkeiten, um festzustellen, ob ihr zueinander passt. Du brauchst eine Frau, die nicht nur eine Freundin und Geliebte ist, sondern jemanden, mit dem du langfristig auskommst.

- Freundlichkeit ist sehr wichtig für eine Frau. Wenn du jedoch ein Schwächling bist, werden dich die Frauen ausnutzen und nicht respektieren.

- Es ist wahr, dass für viele Frauen Geld Priorität hat, aber es gibt auch einige, für die Spiritualität der oberste Wert ist. Der nächste Eintrag auf der Liste der Frauen betrifft die Attraktivität des Mannes. An dritter Stelle rangiert bei den meisten Frauen Sex. Darum solltest du lernen, ein guter Liebhaber zu sein, und wissen, wie du eine Frau befriedigen kannst.

NOCH ETWAS...

Ihr Männer solltet verstehen, dass die meisten Frauen gerne reden. Sie reden gerne über ihre früheren Beziehungen, um sich womöglich auch durch relevante alte Themen hindurchzuarbeiten. Sie lieben es auch, dir persönliche oder gar intime Details aus ihrem Leben mitzuteilen, weil sie das Gefühl haben möchten, dir vertrauen zu können.

Wenn Männer ihre intimen Gefühle mitteilen, kann unter Umständen Angst in die Beziehung geraten, weil sie Angst haben, zu viel von sich selbst preiszugeben.

Sobald eine Person das Gefühl hat, sie habe zu viel preisgegeben, zieht sich der verletzliche Anteil der Person möglicherweise zurück. Darum musst du deine Ängste, in einer intimen Beziehung zu sein, über Bord werfen. Denn andernfalls wirst du eine andere Person anziehen, die ebenfalls Angst vor Beziehungen hat.

Kapitel 10

DER SEELENPARTNER UND SEX

Um einen Mann oder eine Frau zu anzuziehen, musst du zuerst wissen, wie du das praktisch machst. Hierbei geht es um Sex, und lasse dir von niemandem etwas Anderes erzählen. Sex ist ein sehr einflussreicher und bestimmender Aspekt in der Interaktion zwischen Männern und Frauen.

HORMONE

Unsere Hormone geben uns den Antrieb für Sex. Wenn du nicht genug Dopamin, Serotonin, Östrogen oder Testosteron in deinem System hast, fehlt dir auch die Motivation Sex zu haben oder du wirst es zumindest nicht genießen können. Aber es gibt im Hinblick auf diese Hormone auch viele weitere Glaubenssätze. Die Hormone, die uns den Wunsch nach Sex geben, verhelfen uns ebenfalls zu Genuss beim Musikhören. Sie intensivieren auch unsere Spiritualität, wenn wir zu Gott beten. Wenn jemand kein Verlangen nach Sex hat, sind wahrscheinlich auch bestimmte andere Wünsche beeinträchtigt.

Testosteron und Östrogen hält die zwei Teile unserer Spezies zusammen. In der Vergangenheit waren die Männer immer die Versorger, und die Frauen kümmerten sich um die Kinder. Große Teile dieses instinktiven Antriebs werden durch die Hormone gesteuert. Dies hat erkennbare Vorteile, und wir hätten höchstwahrscheinlich als Spezies ohne diese Verbindung nicht überlebt. Die Vereinigung von Seelen bringt also praktische und ebenso romantische Aspekte zusammen.

Wir können Hormone materiell als Substanz in unserem Körper betrachten oder sie als Geschenk von Gott deuten. Diese fantastischen Substanzen verbinden uns nicht nur miteinander, um das Überleben der Spezies zu sichern, sondern sind ebenfalls als spirituelle Energien auf dieser Ebene der Existenz wirksam.

Ein anderer Überlebensmechanismus ist das Ausstoßen von Pheromonen. Animalisch gesehen, glaube ich, dass unser physischer Körper Pheromone ausschüttet, wenn wir uns zu einer Person hingezogen fühlen, die wir auf eine gewisse Weise für „passend" halten. Wir schütten diesen Pheromon-Duftstoff die ganze Zeit aus, und ich glaube, die Seele vollführt Ähnliches durch Schwingungen, wenn wir auf der Suche nach einem Seelenpartner sind.

Menschen sind voneinander durch Energien angezogen, und diese Energien werden in verschiedenen Formen ausgedrückt. Dank ihres Aussehens und Verhaltens wird eine Person von einer anderen attraktiv gefunden. Diese wird von passenden Pheromonen angezogen und nimmt unter Umständen auch wahr, dass ihre eigenen Hormone angemessen im Hinblick auf die begehrte Person funktionieren. Schütten wir gegenseitig Düfte aus, die verwirrend sind, wird es für uns schwierig zu sagen, ob eine Person sich von uns angezogen fühlt. Das richtige Gleichgewicht von Hormonen im Körper wird uns dazu befähigen, auf eine bestimmte Weise miteinander umzugehen. Durch dieses Gleichgewicht können wir dem anderen Geschlecht die richtigen Signale schicken.

Das Handbuch der ganzheitlichen Selbstheilung von Stephen Chang ist ein exzellentes Buch, um die Hormone durch taoistische Übungen auszugleichen. Dies hilft dir, die Hormone bei Frauen und Männern mit oder ohne Sex auszugleichen. Es wird darin behauptet, dass es Brüste grösser oder kleiner machen kann, abhängig davon, was du möchtest. Männern gibt es ebenfalls mehr Stehvermögen und hilft Frauen, Knoten und Zysten loszuwerden. Es strafft den Körper der Frau, sodass sie intensiver beim Sex reagieren kann, massiert die inneren Organe und gibt mehr Energie.

Durch unsere Diät erhalten wir oft nicht die Vitamine und Mineralien, die wir für die laufende Versorgung mit Hormonen benötigen, damit unsere Testosteron- und Östrogen-Spiegel im Gleichgewicht bleiben. In einigen Fällen nehmen Menschen nicht genug Fette zu sich, um Hormone zu produzieren. Jedoch sind natürliche Hormon-Ersatzmittel verfügbar.

Niedrige Testosteron- und Östrogen-Spiegel führten aus unterschiedlichen Gründen zu erheblichen Problemen in industrialisierten Gebieten der Welt. Ernährung, Geburtenkontrolle, Koffeinnutzung, Drogen- und Alkoholmissbrauch, pharmazeutische Drogen, Verletzungen und Schwermetallvergiftungen sind nur einige der Ursachen für hormonelles Ungleichgewicht und Unfruchtbarkeit. Erst seit kurzem wird verschreibungspflichtiges Testosteron ohne

Injektion für Männer und Frauen mit niedrigen Hormonspiegeln angeboten.

Männer mit niedrigem Testosteron haben wenig Energie und Knochenschwund, werden schlaff und haben Erektionsstörungen. Wenn die Ursache Bluthochdruck oder Herzkrankheiten sind, dann ist der niedrige Testosteronspiegel ein Dominoeffekt dieser Krankheiten. Aber auch eine Verletzung kann die Menge des im Körper verfügbaren Testosteron sinken lassen und Bluthochdruck oder Herzkrankheiten *verursachen*. Dies zeigt uns, wie alle Körperfunktionen verbunden sind.

Ohne Östrogen kannst du nicht leben. Östrogen ist die Schlüsselkomponente, die sich mit Serotonin im Gehirn verbindet und die das Gedächtnis unterstützt.

Bei Männern und bei Frauen sind die Hormone die beste Art, um zu erkennen, ob in ihrem Leben zu viel Stress herrscht. Das Auftreten von Falten lässt sich zum Beispiel hinauszögern, indem der richtige Hormonspiegel gehalten wird. Ein Hormon-Ungleichgewicht kann durch emotionalen Stress verursacht werden. Glaubensarbeit kann dir hier den Tag retten!

Andere Dinge, die helfen, sind Selen und Zink. Zink wird für Testosteron gebraucht. Ebenfalls brauchst du Zink, um Vitamin C dabei zu unterstützen, im Körper zu wirken. Lecithin ist bei den sexuellen Funktionen eine Hilfe. Wenn du eine schwere Bronchitis hattest, kann es gut möglich sein, dass sich dein Körper noch nicht davon erholt hat. Auch dies kann hormonelles Ungleichgewicht auslösen. Viele Menschen entwickeln durch eine Bronchitis Asthma, und Zink kann ihnen helfen, sich wieder völlig zu erholen. Eine andere Nahrungsmittelergänzung die möglicherweise hilft ist essbarer Bentonit-Lehm.

Vorgeschlagener Zaubertrank bei Impotenz

Wenn eine Person keinen sexuellen Appetit hat und die Ursache nicht emotional oder psychologisch ist, könnte ein Vitaminmangel der Grund sein. Um die sexuelle Lust zu fördern:

- Selen, Lecithin, nach Angabe deines Arztes, Vitamin E, nach Angabe, Damiana nach Angabe. Schlage kein Damiana vor, wenn die Person Prostatakrebs hat oder hatte, denn es enthält Östrogen und einige andere Inhaltsstoffe, die möglicherweise Krebs stimulieren können. Alle anderen können jedoch genutzt werden, um den Sexualtrieb anzuregen.

- Ginseng kann ebenfalls genutzt werden. Nimm für zwei Wochen ein wenig, dann mache zwei Wochen Pause.

- Nutze Damiana, um schwanger zu werden.

- Lecithin und Zink helfen, die Kapillaren zu öffnen, und produzieren Testosteron.

DNA UND SEX

Ich glaube, dass jeder von uns DNA-Informationen seiner Ahnen in sich trägt, die sein Leben beeinflussen können. Auch wenn du denkst, dass Sex etwas Wundervolles ist, haben deine Vorfahren vielleicht geglaubt, es wäre etwas schrecklich Falsches und diente nur zur Fortpflanzung. Dies kann beeinflussen wie du dich wegen der dualen Glaubenssätze jemandem gegenüber sexuell fühlst. Darum ist die mögliche Existenz von gegensätzlichen Glaubenssystemen, die eventuell Reibung in deinem Sexleben auslösen , zu erforschen. Du musst eventuell ein bisschen genetische Arbeit an den Themen machen. Aus genetischer Sicht haben wir womöglich allerlei Überzeugungen geerbt, die Sexualität religiös und/oder sozial stigmatisieren. Einige dieser mittlerweile veralteten Konzepte waren früher vielleicht brauchbar, doch in der Gegenwart haben sie keinen Platz mehr.

Also, frage dich selbst, wie du dich im Hinblick auf Beziehungen auf einer genetischen Ebene wirklich fühlst? Wie fühlst du dich im Hinblick auf dich selbst? Wie fühlst du dich im Hinblick auf deine Geburt? Wie fühlst du dich im Hinblick auf deine Sexualität? Was ist sexy? Hast du das Gefühl, dass Sex falsch ist?

Da der Antrieb für Sex eine mächtige Kraft ist, haben spirituelle Traditionen im Lauf der Geschichte unterschiedlich darauf geantwortet, insbesondere die organisierten Religionen, die den Massen exemplarisch Lebenswege ebnen sollen. Offensichtlich wurde eine derart mächtige Kraft wie Sexualität als etwas gedeutet, das kontrolliert werden muss. Monogamie und Zölibat wurden folglich weitgehend beworben. Monogamie entstand als Mittel, um Frieden zu halten, da lüsternes Verlangen langandauernde Fehden zwischen Menschen schaffen kann. Um die Macht der körperlichen und emotionalen Energien zu verringern, sollte das Zölibat die Hingabe zum Göttlichen stärken.

Offenbar gilt das Interesse an Sexualität für einige Menschen als böse. Die Handlungen einiger fehlgeleiteter Individuen können das womöglich rechtfertigen. Aber es sollte nicht die ganze Gesellschaft für die Handlungen einer kleinen Minderheit verantwortlich gemacht werden. Dies führte zu einer bedauernswerten gegenseitigen Schuldzuweisung, wie Männer in Beziehung zu Frauen stehen. Manche Männer scheinen Frauen die Schuld für ihr eigenes körperliches Verlangen zu geben, Verlangen, das vielleicht nicht als schlecht oder fleischlich, sondern als spirituelle Gabe von Gott gesehen werden sollte, genau wie alles andere, was im Leben besonders ist. Wenn Sexualität als etwas Besonderes wahrgenommen würde, dann würden sich junge Menschen diesbezüglich vielleicht weniger unbekümmert verhalten.

Genauso wichtig ist es zu wissen, dass es wenig oder keine Schulung für unsere Kinder im Hinblick auf Beziehungen mit dem anderen Geschlecht gibt, worauf bei anderen Menschen und worauf bei einem Seelenpartner zu achten ist.

Sexualität sollte als ein anderes Merkmal betrachtet werden, um ein spirituelles Leben zu führen, das uns alle Aspekte der Schöpfung lehrt, einschließlich ihrer Materialisierung in unserem physischen Körper. Sie sollte als heilig erachtet werden, besonders, wenn aus der Vereinigung zweier Seelen wahre Liebe wird. In wahrer Liebe wird die sexuelle Vereinigung mehr als nur ein animalischer Akt und verwandelt sich in etwas Spirituelles, in etwas, das den Materialismus transzendiert. Es wird eine alchemistische Verschmelzung aller Aspekte von Körper, Geist und Seele.

Um diese alchemistische Verschmelzung zu erschaffen müssen wir alle negativen Glaubenssätzen bearbeiten, die möglicherweise unser Verhältnis zu Sexualität beeinträchtigen.

DAS SEXUAL-CHAKRA

Wenn du spirituelle Menschen triffst, die sagen, dass sie sich nicht für Sex oder eine Beziehung interessieren, ist es wahrscheinlich, dass sie begonnen haben, ihr Sexual-Chakra zu verschließen, das die Energie gibt, die Menschen zu dir zu bringen. Dein Sexual-Chakra offen zu haben, ist wie ein Energieblinklicht, das passenden Menschen Signale schickt. Wenn dein Sexual-Chakra-Bereich offen ist und du ihn offen hältst, wirst du auch Geld haben, weil es dein Wurzel-Chakra öffnet, das Überfluss anzieht.

Dein Sexual-Chakra hat viel damit zu tun, wer und was du bist – was du fühlst und was du respektierst. Vom Moment deiner Zeugung bis zum Moment deiner Geburt, durch dein ganzes Leben und deine Beziehungen mit anderen, ist die Energie von Missbräuchen im Sexual-Chakra-Bereich gespeichert. Jedoch lagern dort auch die guten Erinnerungen.

Ich denke, dass die Menschen ihr Sexual-Chakra schließen, weil diejenigen, zu denen sie als Kind aufblickten, sie enttäuscht haben. Kinder neigen dazu, einen oder zwei Bezugspersonen als ihre „Helden" zu wählen. Wenn sich das Kind dann von seinem Helden im Stich gelassen fühlt, entsteht Misstrauen, das in späteren Beziehungen im Leben wiederkehren kann.

Wenn dein Sexual-Chakra-Bereich offen ist, wirst du Gefühle des Missbrauchs loslassen und Überfluss hineinbringen. Darum ist es wichtig, es offen zu halten und von Zeit zu Zeit zu überprüfen, ob es verschlossen ist. Indem du die ThetaHealing-Meditation (*Seite 7*) durchführst, werden deine Chakren ins Gleichgewicht gebracht und geöffnet. (Dies findest du auch im Buch *ThetaHealing für Fortgeschrittene.*)

Einige der in diesem Bereich enhaltenen Fragen drehen sich darum, wie du dich im Hinblick auf Sex fühlst – ob es schlecht oder gut ist, ob du Sexualität für eine Sünde hältst oder nicht. Das hat auch damit zu tun, wie du mit dir selbst und mit anderen kommunizierst und wie du diesbezüglich in deinem Leben versorgt bist. Wenn das Thema dir unangenehm ist, dann hast du wahrscheinlich einige Programme im Hinblick auf diese Fragen.

Etwas, was Menschen passieren kann, die in ihren Beziehungen sensibel sind (und einen Mangel an Liebe haben), ist, dass sie dazu neigen, ihre übersinnlichen Zentren zu öffnen und zu schließen, was zu körperlichen Problemen führen kann. Der Trick ist, diese Zentren immer offen zu halten.

Wenn Paare heiraten und Kinder haben, dann deutet ein bestimmter Anteil dieser Männer fortan ihre Frau als Mutter statt als Sexualpartnerin. Bei derartigen Anzeichen schließen Frauen ihr Sexual-Chakra, wenn sie nicht mehr mit ihrem Partner zusammen sein wollen oder wenn sie fühlen, dass ihr Partner nicht mehr mit ihnen zusammen sein will. Oder, umgekehrt, wenn sie ihren Partner nicht betrügen wollen.

Dies schafft viele körperliche Probleme. Bei Frauen helfen die Nebennieren mit Testosteron aus. Ich glaube, wenn das Sexual-Chakra geschlossen ist, können die Nebennieren darunter leiden. Ebenfalls können beide Partner, wenn ein Paar das Sexual-Chakra schließt, an Gewicht zunehmen und Darmprobleme entwickeln. Die Östrogen- bzw. Testosteronspiegel sinken, und beide haben keine Energie mehr. Diese Hormone geben uns in unserem Alltag Energie und haben neben Sex andere wichtige Funktionen.

Ebenfalls können Probleme mit den Finanzen entstehen. Es ist möglich, ein wenig Reichtum oder Überfluss aus dem Kronen-Chakra zu erschaffen, aber diese Energie wird durch das Wurzel-Chakra hochgezogen. Wenn das Wurzel-Chakra blockiert ist, ist es unwahrscheinlich, dass der Überfluss so hereinkommt, wie er sollte. Denk daran, Überfluss betrifft nicht nur Geld, sondern viele verschiedene Aspekte im Leben, so auch Beziehungen und Familie.

Eine Beziehung ohne Sex ist ein einsamer Ort. Wenn jedoch die Beziehung nur auf Sex basiert, dann herrscht dort eine andere Form der Einsamkeit. Das widerfährt einigen Menschen – sie heiraten jung und finden sich selbst mit einer Person in einer Beziehung wieder, welche das komplette Gegenteil von ihnen ist. Sie haben einander irgendwo auf ihrem Weg verloren.

Dies sind sehr wichtige Aspekte einer Beziehung. Jedes Mal, wenn du DNA mit einer anderen Person teilst, hilfst du, ein Band zwischen euch zu erschaffen. Geht die sexuelle Energie verloren, verschwindet auch ein Schlüsselaspekt der Beziehung.

Menschen können erkennen, ob jemand ein weit geöffnetes Sexual-Chakra und einen gesunden Hormonspiegel hat, wenn sie in den Raum kommen. Darum werden Frauen manchmal so wütend, wenn eine sexy Frau an ihrem Mann vorbeigeht! Die Ehefrau weiß instinktiv, dass ihr Territorium in Gefahr ist. Dies geschieht in Sekunden und alles auf instinktiver Ebene. Eine andere läuft vorbei und der Mann weiß sofort, dass sie sinnlich ist.

ZEUGUNG

Die Menschen sind dazu gemacht, zwei Gruppen von Familien in ihrem Leben zu erschaffen. Du siehst das bei einigen Frauen. Wenn sie jung sind, haben sie Kinder, und wenn sie älter werden, haben sie nochmals Kinder. Frauen erreichen ihren sexuellen Gipfel mit 35, und dann gründen einige von ihnen eine zweite Familie.

Ältere Frauen

Im Alter von 35 bis etwa 45 oder 50, ist eine Frau plötzlich in einer anderen Welt. Die Natur hat sie mit einem neuen Antrieb erweckt, hat ihr zugeflüstert: „Es ist Zeit, nochmal schwanger zu werden." Denn ihr Körper weiß, dass ihre besten Jahre, um Kinder zu bekommen, bald hinter ihr liegen werden. Darum sind 35 bis 50-jährige Frauen und 18 bis 25-jährige Männer auch so gute Sexualpartner – sie sind beide auf ihrem sexuellen Gipfel. Aber das bedeutet nicht, dass sie auch gute Partner wären … oder eine gute Familie.

Jüngere Männer

Viele Frauen glauben, Männer dächten ausschließlich an Sex. Das ist unrichtig, denn manchmal denken sie auch an anderes. Aber ein junger Mann hat eine Unmenge Testosteron, und das lässt ihn nahezu die ganze Zeit an Sex denken, auch wenn er in der Schule ist. Wenn er in einer primitiveren Zeit wäre, würde er sich paaren. Der sexuelle Trieb bei Männern ist unglaublich stark, wenn sie ihn aber nicht hätten, ganz ehrlich gesagt, dann würden sie sich nicht mit Frauen abgeben wollen und so könnte die Spezies nicht überleben.

Junge Männer haben einen unglaublichen Trieb, sich fortpflanzen zu wollen, und beginnen so schnell sie können, ihre Sexualität auszukundschaften. Sie sehen die Konsequenzen ihrer Handlungen nicht. Ihnen muss beigebracht werden, dass Sex etwas Heiliges und Erhabenes zwischen Menschen ist, das eigentlich nicht auf die leichte Schulter genommen werden darf. Sie sollten lernen, dass wenn sie ihren Körper mit jemandem teilen, sie auch DNA mit der Person teilen.

Es gibt kaum je irgendwo Gelegenheit, wo junge Männer im Hinblick auf künftige Beziehungen mit dem anderen Geschlecht geschult oder beraten werden. Die Natur aktiviert den Frontallappen von Männern erst, wenn sie Mitte zwanzig sind. Ich glaube, das ist so eingerichtet von der Evolution, damit sie das Verlangen nach Sex haben und sich dabei vermehren, ohne darüber nachzudenken. Dieser Trick der Natur garantiert, dass wir Kinder auf die Welt bringen und die Spezies erhalten bleibt.

Ältere Männer

Die Natur hat ein weiteres As im Ärmel, im Leben der Männer. Mit circa 45 oder 50, beginnen Männer, sich ein wenig unsicher zu fühlen: die „Midlife-Crisis." Plötzlich sagt der Mann: „Habe ich alles in meinem Leben, was ich möchte? Habe ich alles getan, was ich tun wollte?"

Plötzlich hat er den Wunsch wieder jung zu sein. Das ist nur hormonell Bedingt und viele Männer kommen einfach darüber hinweg.

Es ist eine Tatsache, dass Männer mit jüngeren Frauen selbst auch jünger aussehen. Ältere Frauen mit jüngeren Männern sehen ebenfalls jünger aus. Dies ist der Trick der Natur, um sicherzustellen, dass sie ihr Bestes geben im Hinblick auf die Vermehrung.

SICH NOCHMALS VERLIEBEN

Es ist möglich, sich im Lauf eines Lebens in viele verschiedene Menschen zu verlieben. Einige von uns verlieben sich in den Lehrer der zweiten Klasse. Einige verlieben sich das erste Mal, wenn sie 16 oder 17 Jahre alt sind und bekommen so eine Vorstellung davon, was Leben für sie bedeutet. Wenn du 20 Jahre alt bist, denkst du, du wüsstest alles. Doch du bist so voll mit Hormonen, dass es dir schwerfällt, klar zu denken. Verliebtsein in dieser Phase ist meist sehr intensiv. Wenn du 30 Jahre alt wirst, bist du sicher, dass du die Dinge in deinem Leben zum Laufen bringen kannst, du hast immer noch die Möglichkeit, dich zu verlieben. Wirst du 40, versuchst du alles hinzubekommen, bevor du 50 wirst, aber noch immer gibt es Hoffnung, dass Liebe gefunden werden kann. Was bedeutet es für dich, 50 Jahre alt zu sein? Mit 50 bist du weise und entschlossen. In einigen Kulturen heiraten Menschen nicht, bevor sie 50 Jahre alt sind. Ist ihre Liebe geringer? Nein, die Magie der Liebe ist immer noch magisch.

Wissenschaftler haben die Theorie, dass wir ein Gen haben, um uns zu verlieben. Sie glauben, das Gefühl des „Verliebtseins" dauere ein Jahr, und deshalb würden im zweiten Ehejahr die Dinge schwieriger. Ich glaube, das gilt für Menschen, die sich immer und immer wieder in andere Menschen verlieben. Sie sind abhängig von den Gefühlen, die ausgelöst werden, wenn sie eine neue Person treffen.

Plötzlich haben sie ein glänzendes, neues Spielzeug gefunden. Doch ebenso kannst du dich in einer monogamen Beziehung immer und immer wieder in deinen Ehemann oder in deine Ehefrau verlieben. Ich kann nicht sagen, wie viele Male ich mich in Guy verliebt habe.

Ich glaube, im Alter von 40 Jahren wissen wir alle, was wir im Leben möchten. Wir können klar denken, und plötzlich denken wir bloß: *„Ich bin unglücklich und ich muss etwas verändern.“* Die Herausforderung besteht nun darin, zu erkennen, ob diese Gedanken bloß hormongesteuert sind, oder ob es wirkliche Themen im Hinblick auf unsere Situation sind. Ich glaube, eine „Midlife-Crisis" hat viel damit zu tun, dein Leben anzuschauen, aber ohne die Familie in diesem Prozess zu zerstören. Wenn du nicht weißt, wie du deine Gefühle teilst, gehst du womöglich fremd und bist schließlich bei der falschen Person.

Wenn du älter wirst, verändert sich dein Geschmack im Hinblick auf das andere Geschlecht, aber dein Interesse wird nicht abnehmen. Ich erinnere mich, als ich ein Teenager war und 50-jährige Männer im Fernsehen sah, dachte ich, *Die sind so alt!* Jetzt als Erwachsene schaue ich dieselben Filme an und denke, *Charlton Heston – was für ein hübscher Mann!* Und Gregory Peck war sehr attraktiv, als er etwas älter wurde und Falten um die Augen bekam. Nun, da ich älter bin, denke ich, dass ihn das noch anziehender gemacht hat. Sean Connery fand ich in seinen jüngeren Jahren nicht atemberaubend attraktiv. Doch als er älter wurde, meine Güte, was für ein Kerl! Sogar als 70-jähriger Mann machte seine Stimme und seine Energie ihn reizvoll. George Clooney und Brad Pitt scheinen auch immer attraktiver zu werden, je älter sie werden.

Ich glaube, dass Sex eine persönliche Wahl ist, und ich glaube auch, dass es siebzigjährige Menschen gibt, die sexuell noch aktiv sind. Ich glaube, dass Liebe viel tiefer ist als nur physischer Kontakt, und ich stelle mir vor, das ich mit 80 auch noch Sex haben werde.

EINER ODER MEHRERE?

Bist du eine spirituelle Person und hast Sex mit jemandem, dann beginnst du, *spirituelle Energie* mit der Person zu teilen. Dies bindet deine Energien in einer Form, die sich nur schwer definieren lässt, doch sobald du es erlebt hast, weißt du, dass diese Verbindung anders als andere ist. Wir alle wissen, dass der Körper in mancher Hinsicht noch immer animalisch ist. Wir haben das Verlangen, uns zu vermehren, und wir haben das Verlangen nach Sex. Empfindest du keine Scham im Hinblick auf Sex, hast Respekt davor und weißt, dass es eine spirituelle Energie ist, fühlst du dich in Bezug darauf anders.

Es ist ein Unterschied, ob du glaubst, dass du mehr als eine Person lieben oder dass du gleichzeitig mehrere Beziehungen haben kannst. Ich kannte Menschen im metaphysischen Bereich, die versuchten mir einzureden, es sei die höchste Form der Liebe, wenn du fünf oder sechs verschiedene Personen lieben könntest mit der Begründung „Gott liebt jeden."

Ich glaube tatsächlich, dass Gott jeden liebt und du kannst höchstwahrscheinlich fünf oder sechs verschiedene Personen lieben. Für manche Menschen ist es einfacher, viele Menschen zu lieben, als einer Person zu erlauben, ihn vollständig zu lieben. Aber praktisch funktioniert das nicht so gut. Wahrscheinlich wird deine Seele von einer Person mehr angezogen sein als von den anderen, und so ist es unvermeidbar, dass jemand eifersüchtig wird und dass Reibung und Konflikte entstehen. Ich glaube, dass die Spezies erfolgreicher ist, wenn zwei Menschen sich vollständig lieben, und dass dies der höchste spirituelle Erfolg ist. Für mich ist dies die höchste Form der Liebesbindung: von einer Person und nur von dieser vollständig geliebt zu werden.

Ich kenne den Standpunkt der Biologen, die behaupten, Männer hätten stets das Bedürfnis, sich mit mehr als einer Frau zu verbinden, aber ich glaube, dass Liebe dieses Bedürfnis überwiegt. Ich verstehe ebenfalls, dass es Kulturen gibt, in denen ein Mann mehrere Frauen hat, aber ich glaube, dass dieses Arrangement für die Beteiligten schwierig sein kann.

Ich möchte nicht urteilen, und ich glaube wirklich, dass ein Mensch mehr als eine andere Person lieben kann, aber dies hängt davon ab, *wie* er sie liebt. Ich glaube, die Behauptung, mehr als eine Person zu lieben, ist eine Art Ausflucht, da du auf diese Weise nicht dazu verpflichtet bist, eine Person möglichst vollständig zu kennen. Ebenso wenig bist du ihnen spirituell als Partner verpflichtet, um eine Tugend zu erlangen.

In vielen Fällen ziehen Menschen *viele Partner* an, weil diese unterschiedliche Aspekte von dem repräsentieren, was sie eigentlich in *einem Partner* finden möchten. Sie suchen einen Partner, der all diese Aspekte hat, einen Seelenpartner.

Ein interessantes, aber stark vereinfachtes Zitat stammt von Paul Newman. In einem Interview beschrieb er seine Liebe zu seiner Frau, als das Gespräch das Thema der Monogamie berührte.

Er fragte etwa: „Warum sollte ich ausgehen, um Hamburger zu essen, wenn ich zuhause ein Steak haben kann?"

Das Monogamie-Gen

Nachdem ich mit mehreren tausend Menschen gearbeitet hatte, erkannte ich zunehmend Muster, die die Existenz eines Gens für Monogamie sowie die Existenz eines Nicht-Monogamie-Gens andeuteten. Ich glaube, dass etwa 70 Prozent der Frauen mit dem Monogamie-Gen geboren werden und möglicherweise 50 Prozent der Männer.

Der Unterschied, den ich bei Menschen mit dem Gen und solchen ohne es beobachtet habe: wenn dir das Monogamie-Gen fehlt und du triffst eine Person, mit der du Sex hast, dann wirst du dich danach nicht schuldig fühlen, wenn du zu deinem Partner nach Hause gehst. Wenn du aber das Monogamie-Gen hast, wirst du das Gefühl haben, dass du in die Mangel genommen wirst durch die Schuldgefühle.

Wenn du zur Monogamie erzogen wurdest und du das Gen nicht hast, fühlst du dich zwar ein wenig schuldig, aber nicht so als wenn du deinem Partner gegenüber instinktiv in deiner DNA treu gewesen wärst.

Das Monogamie-Gen zu haben, bedeutet an sich nicht, dass du treuer sein wirst. Treue ist eine spirituelle Wahl. Es bedeutet einfach, dass du dich schuldig fühlen wirst, wenn du untreu bist.

Auch Menschen ohne das Monogamie-Gen können treu sein, sie müssen einfach daran arbeiten.

Betrügen

Als ich anfing, Readings zu machen, stellte ich fest, dass die Zahl derjenigen hoch ist, die ihren festen Partner untreu werden. Dies war für mich ein seltsamer neuer Bereich menschlichen Verhaltens und die Motive dieser Menschen interessierte mich. Ich fand verschiedene Muster. Einige sagten, sie bekämen zuhause keine Liebe. Bei anderen war es eine Frage des Selbstwerts, während andere schauen wollten „ob sie es könnten," wegen ihres Egos. Manchmal war es einfach die Gewohnheit, da sie es ihr ganzes Leben immer so gemacht hatten.

Heutzutage haben zahlreiche Menschen viel Angst vor einer langfristigen Beziehung. Manchmal beginnen sie eine Affäre mit einer verheirateten Person, um sich nicht verpflichten zu müssen. Dies kann eine extrem einsame Entscheidung für sie sein.

Dann gibt es die Fälle von Menschen mit langfristigen Bindungen, die die ganze Zeit betrügen. Sie behaupten, es stärke ihre Beziehung, weil es sie, sich jung fühlen lässt.

Aber jeder Betrüger, den ich je gelesen habe, hat den Glaubenssatz „Ich habe Angst davor, von jemandem geliebt zu werden."

Es gibt Zeichen dafür, dass eine Person, die subtil versucht, eine zwanglose Beziehung mit dir zu haben, ein Betrüger ist. Auf der Suche nach einem Seelenpartner musst du dich vor ihnen in Acht nehmen.

Das Hauptzeichen ist, dass sie dir sagen, wie unglücklich sie in ihrer Beziehung sind. Wenn jemand anfängt, vor dir seine unglückliche Ehe auszubreiten, könnte dies ein Zeichen sein, dass sie sich erkunden, ob du lockere Moralvorstellungen hast. Manchmal sind sie unverblümt und fragen dich einfach direkt.

Vielleicht bist du von ihnen angezogen, weißt aber, dass das, was eine Person in ihrem Privatleben macht, ihre wahre Natur reflektiert. Wenn jemand seinen Ehepartner betrügt, betrügt er im Geschäft und in allen anderen Bereichen seines Lebens.

Ich muss auch sagen, dass ich tausende Readings von guten Menschen gemacht habe, die in schwierigen Beziehungen waren, und jeder kann betrügen, wenn er in schwierigen Umständen gefangen ist. Das richtet sich an diejenigen von euch, die unter derartigen Bedingungen leben: Du solltest wissen, dass du ein Teil von Gott bist und dass du es verdienst, geliebt zu sein. Und du solltest dich nicht damit zufriedengeben, die Nummer zwei in einer Beziehung zu sein. Ich glaube, dass niemand an zweiter Stelle stehen sollte und dass jeder von uns es verdient, ganz geliebt zu werden.

Ein Betrüger wird der „Geliebte" und muss nie die Verantwortung in einer Beziehung übernehmen. Sie verlieben sich immer und immer wieder in verschiedene Menschen, und es wird zur Sucht, wie wenn du eine Zigarettenmarke rauchst und dann nach ein paar Wochen zu einer anderen wechselst. In einer Seelenpartnerbeziehung musst du hingebungsvoll gegenüber deinem Partner sein, als Geliebte, Geliebter, Ehemann, Ehefrau, Freund, Ernährer und so weiter. Diese Art von Verpflichtung ist für einige Menschen zu viel.

Spirituelle Exklusivität

Es gibt auch Frauen, die das haben, was ich als Energie der Göttin bezeichne. Sie haben immer jemanden in ihrem Bett, bis sie ihren Seelenpartner finden. Frauen, es ist schwer für einen Mann, sich in dich zu verlieben, wenn du mit so vielen Männern im Bett warst, dass du dich nicht mal daran erinnern kannst, wie viele es waren. Wenn du also wahllos deine Partner wechselst und zugleich auf deine wahre Liebe wartest, solltest du erwägen, den ständigen Wechsel in deinem Leben zu beenden. So kannst du deine Seelenenergie bei dir halten, um eine vollständige Liebe zu finden.

Wenn du jemanden wirklich vollständig liebst, wirst du nie von deinem Weg abkommen, um ihn zu verletzen. Wenn sich also nicht beide darauf verständigt haben, eine offene Beziehung zu führen, solltest du derartiges Verhalten einstellen, da es abhängig machen kann.

Du fragst dich vielleicht, ob das für einige Menschen realistisch ist? Zweifelsohne können oder wollen einige das überhaupt nicht. Nun, ich unterrichte diese Konzepte für Menschen, die spirituell wachsen wollen. Promiskuität ist keine Lebensweise für Heiler, da es ein zentrales Gesetz der Heilung bricht. Bewährte Traditionen empfehlen die Fokussierung auf einen Partner als Seelenessenz, weil so eine Tugend gewonnen wird. Deine Energie über viele Menschen zu verteilen, gibt dir nur viele Seelenfragmente und ein Teil deiner Energie geht an andere verloren.

Wenn du promiskuitiv warst, solltest du deine Energie von all den verschiedenen Menschen zurückziehen und erkennen, dass du eine wahre und vollständige Liebe wert bist. Du solltest wissen, dass dein Körper, dein Geist und deine Seele besonders sind. Es geht weder darum, mit wie vielen Menschen du zusammen warst, sondern um die besondere Person, mit der du dein Leben teilen kannst, ohne immer wieder deine Seelenfragmente zusammensammeln zu müssen (*siehe Seite 216*), noch darum, deine Energie auf die auszudehnen, die sie nicht verdienen. Der wirkliche Weg von wahrer Göttlichkeit ist, zu lernen treu zu sein und eine Person zu lieben, die dich vollständig liebt.

Wenn du spirituelle Fortschritte machen möchtest, ist es wichtig, den Schritt zu wagen, jemandem zu erlauben, dich kennenzulernen, und im Gegenzug die Person kennen und lieben zu lernen. Zu wissen, dass du im Leben einer anderen Person an erster Stelle stehst, ist sehr wichtig für eine spirituelle Beziehung. Jeder verdient die Chance, auf diese Weise spirituell voranzuschreiten.

ThetaHealing ist nicht nur eine Technik, die uns in die Theta-Gehirnwelle bringt um „Sachen geschehen zu lassen." Es „lässt Sachen geschehen", indem wir unsere Glaubenssysteme verändern, um uns wertvoll und klar in unseren Gedanken zu machen. Dies erschafft „leichte" Gedankenformen, die den Planeten verändern und dann das Universum. Menschen, die daran interessiert sind die Gesetze des Universums zu nutzen, die Zeit zu verändern, Materie zu bewegen und andere erstaunliche Dinge als Götter und Göttinnen zu machen, brauchen einen göttlichen Lebenspartner. Einer Person, die viele Sexualpartner gleichzeitig hat, wird es schwerfallen, Gedankenformen mit hoher Schwingung zu halten, Dinge mit dem Geist zu bewegen und erstaunliche Heilungen zu machen. Mit vielen Partnern funktioniert dieses Szenario einfach nicht.

LIEBEMACHEN

Wenn es darum geht, verliebt zu sein, gibt es keine Seminare, die dir zeigen, wie du mit jemandem zusammen sein kannst und wie du ein guter Liebhaber oder eine gute Liebhaberin wirst. Wenn du sexuell mit jemandem zusammenkommst, fokussiert ihr euch aufeinander. Viele Menschen denken, sie müssen über jemand anderes fantasieren, wenn sie Liebe machen. Einige Männer fantasieren damit sie länger durchhalten können für die Frau. Wenn du dich aber wieder auf die Berührung, die Energie, die Freundlichkeit und die Liebe, die du für deinen Partner fühlst, konzentrierst, wird die Qualität deiner Liebe sich verbessern. Dich auf die Person zu konzentrieren, mit der du zusammen bist, wird den größten Unterschied der Welt für dich ausmachen. Freundliche Worte können auch eine sexuelle Begegnung in Liebe verwandeln.

Natürlich gibt es manchmal Sex und manchmal Liebe machen. Keines von beidem sollte Schmerzen oder Unwohlsein verursachen. Sage deinem Partner, was du tun möchtest und was nicht, sonst kannst du nachtragend werden. Stelle sicher, dass ihr beiden dieselben Interessen habt. Wenn deine Suche spirituell ist, dann konzentriere dich besonders auf die Seelenessenz deines Partners und wie er dich fühlen lässt.

Frauen beschweren sich, dass „Männer nur Sex wollen." Aber ist Sex nicht Liebe? Für die meisten Männer ist Sex ein Ausdruck von Liebe, aber Frauen beschweren sich, dass Männer oberflächlich im Hinblick auf Sex sein können. Wenn du mit deinem Partner ins Schlafzimmer gehst, solltest du nicht denken, dass es eine Routinearbeit ist.

Ist der Sex am Anfang einer Beziehung schlecht oder schwerfällig, bringt dies Stress in die Energie des angehenden Paares. Der erste Moment der Berührung zwischen zwei Menschen, die als Seelenpartner zusammenkommen, ist sehr wichtig.

Nur weil du jemanden in dein Bett bringst, bedeutet das nicht, dass sie auch dort bleiben werden. Mein Vater sagte mir einmal etwas, was ich nicht für wahrhalten wollte. Er sagte mir, wenn du gut im Bett bist, kannst du deinen Partner bei dir halten.

Gut im Bett sein ist eine Qualität, bei der es nicht um Bewegungen oder Akrobatik geht, sondern vor allem um die Kompatibilität eurer Körper. Viel davon hängt mit den Grundlagen der Physiologie zusammen, wenn eine Frau zu weit ist und der Mann nicht groß genug, oder der Mann zu groß und die Frau zu eng, dann sind dies anfangs bestimmt Probleme. Eine Frau sollte für den Mann nie zu weit sein. Sie sollte fähig sein, sich für den Mann zu verengern. Es gibt Übungen, die eine Frau eng genug halten, sodass sie multiple Orgasmen haben kann.

Ein erfahrener männlicher Partner wird wissen, dass er seiner Partnerin Freude bereiten sollte. Dies bedeutet, dass er ein gutes Durchhaltevermögen haben sollte, damit beide Partner einen Orgasmus erleben. Viele Männer wissen nicht, dass sie eine Frau befriedigen sollten, und das ist ein Grund, warum sie keine Frau behalten können.

Eine sexuell zufriedene Frau ist emotional viel ausgeglichener, weil sie diese angestauten Energien freigeben kann. Die alten Taoisten glaubten, ausgeglichene Gesundheit durch Sex erreichen zu können, und zudem glaubten sie, dass es mit einer gewissen Technik gemacht werden sollte. Sie lehrten „Innere Übungen", die die sexuellen Energien von Männern und Frauen so arbeiten lassen, wie sie sollten. Hier verweise ich nochmals auf das *Handbuch der ganzheitlichen Selbstheilung* von Stephen Chang.

Wenn du mit jemandem, den du wirklich liebst, Liebe machst, sind unglaubliche spirituelle Erfahrungen möglich. Ihr werdet dem Göttlichen näherkommen.

Siebte-Ebene-Vereinigung

Mit einem passenden Seelenpartner kann eine sexuelle Vereinigung sich aus einem animalischen Akt in etwas Spirituelles transformieren.

Um die sexuelle Erfahrung von Partnern zu verbessern, empfehle ich für die männlichen und weiblichen Energien die Taoistische Hirschübung. Sie kann der Frau helfen, reizvoller, sinnlicher und enger zu werden. Dem Mann kann sie helfen, anziehender zu sein und das Stehvermögen zu verlängern. Es kann die Körper in synchronisieren und stärkt die Sensibilität. Wenn ihr das für einen Monat übt, kann es beide Partner hormonell ausgleichen.

Das Paar sollte gemeinsam auf die Siebte Ebene gehen, während sie sich im Sex verbinden. Dies gibt beiden das Gefühl, eine Energie zu sein. Der Mann muss sehr fokussiert, klar und diszipliniert sein in seinem Bestreben, damit er nicht den Faden bei dem verliert, was er macht. Wenn das Paar erfolgreich ist, verbessert dies die sexuelle Erfahrung, und sie können eine tiefe Verbindung zwischen sich fühlen.

Wenn die Seele zu einer spirituellen Einheit verschmilzt, wird eine reine Energie zwischen beiden erschaffen, wie ein Feuerstein, der Stahl streift, wodurch der Funke für ein Feuer entsteht. Dieses Feuer wird beim Akt der sexuell spirituellen Verbindung entzündet. Wenn in dieser Verbindung die vollkommene Intimität erreicht wird, ist es möglich Farben, Lichter und Energien zu erfahren, die aus dieser Vereinigung geschaffen werden, weil ihr euer ganzes Sein teilt und eine Verbindung entsteht, die ewig wird.

Wenn sich zwei Personen als passende Seelenpartner verbinden, ist dies eine der höchsten Vereinigungen in der Spiritualität. Für mich sollte Sex so sein. In der richtigen sexuellen Verbindung solltest du fähig sein, dein gesamtes Sein mit jemandem zu teilen – alles zu teilen, indem die zwei Seelen sich vereinigen. Wenn du deinen am besten passendsten Seelenpartner findest, ist die Verbindung so tief, dass du wirklich deine Essenz mit der Person teilst, sogar Träume und Erinnerungen.

Diese Vereinigung der Seelen nimmt nicht den Spaß aus dem Sex. Einigen Menschen wurde beigebracht, dass Sex und Spiritualität zwei verschiedene Dinge sind. Wir lernen dies von unseren Vorfahren. Aber wenn ihr euch als wahre Seelenpartner vereinigt, vereinigt ihr euch in ekstatischer Energie.

Teil III

MIT EINEM SEELENPARTNER LEBEN

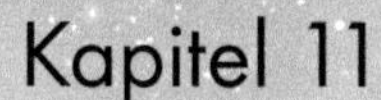

Kapitel 11

ZUSAMMENLEBEN

Passende Verbindungen mit einem Lebens-Seelenpartner sind Teil der Evolution der Erde. Als wahre Partner sollte sich ein Paar zusammen entwickeln und verändern. Teil unserer Entwicklung als Menschen ist zu lernen, andere so zu akzeptieren, wie sie sind. Es ist sehr wichtig, das du nicht zu stark für deinen Partner schwärmst, wenn du dann nicht länger erkennen kannst, wer er wirklich ist. Der Ausdruck „Liebe macht blind" gilt auch für Seelenpartner. Es ist unverzichtbar, deinen Seelenpartner, wenn du ihn gefunden hast, so zu akzeptieren, wie er ist. Du solltest jedoch auch im Auge behalten, dass ihr beide bessere Menschen werden könnt durch die Interaktion, die nur durch eine solche Verbindung entstehen kann.

In gewissem Sinne bringen wir in unserm Partner das hervor, was wir erwarten. Darum handeln Menschen unterschiedlich in verschiedenen Beziehungen. Wir treffen Entscheidungen auf einer unbewussten Ebene, geben der Person, mit der wir zusammen sind, Signale, bringen das Gute oder vielleicht auch das Schlechte ihn ihnen hervor.

Ich habe Guy beispielsweise wieder zu einem Sinn für Humor verholfen, denn als er in mein Leben kam, war er emotional durch seine vorige Beziehung so traumatisiert, dass er ihn verloren hatte.

Die Person, mit der du zusammen bist, sollte eine Schwingung haben, die zu deiner passt. Teilt sie deine Vision im Leben nicht, kann es Dinge erschweren. Die Gesellschaft, die du hast, ist im wahrsten Sinne des Wortes wichtig für die Gesundheit deines Herzens. Du kannst durch die Gedanken und Handlungen der Menschen in nächster Nähe beeinflusst werden.

Tatsächlich ist die einzige Möglichkeit, eine Beziehung mit einem Seelenpartner durchzuhalten, wenn du dich selbst liebst. Liebst du dich nicht selbst, kann eine Beziehung mit einem Seelenpartner sehr schwierig werden. Wenn du dich selbst liebst, kannst du erkennen, dass du jemand anderen sogar lieben kannst, wenn du böse auf ihn bist. Du solltest nie vergessen, dass du deinen Seelenpartner liebst.

Eine Liebe unter Seelenpartnern ist nicht immer einfach. Auch wenn du deinen Seelenpartner aus vergangenen Leben kennst und liebst, bedeutet das nicht, dass er die gleiche Persönlichkeit hat wie vorher, und auch deine Persönlichkeit wird nicht dieselbe sein. Aber, egal wie unsere Persönlichkeit jetzt ist, ein Seelenpartner wird immer genau wissen, wie er uns wütend macht, weil er uns so gut kennt.

Eine Möglichkeit, Einblick in das zu erhalten, was los ist, gewährt die Astrologie.

ASTROLOGIE UND SEELENPARTNER

Von der größten Galaxie bis zum kleinsten Partikel hat alles im Universum eine Schwingung, die es mit der ganzen Existenz verbindet. Durch die Vernetzung aller Dinge passiert nichts zufällig, und alles im Leben zählt. Als du auf diese Welt kamst, hatte das einen Grund, und das Datum deiner Ankunft war festgelegt, um mit bestimmten Energien auf dieser Dritten Ebene übereinzustimmen. Dein Geburtsdatum ist verbunden mit deinem göttlichen Zeitplan, deiner Mission in diesem Leben.

Mit dieser Einstellung, wenn du dem Schöpfer tiefe innere Fragen stellst, habe ich einen Vorschlag für dich. Frage: „Wo ist der beste Ort für mich, an dem ich leben sollte, der Ort, der meine höchste Schwingung hervorbringen wird und meine äußeren und inneren Energien stimuliert? Welcher Ort hat die beste Energie für mich und meinen Körper? An welchem Ort wäre es für mich am gesündesten zu leben?"

Du sollst *nicht* fragen: „Schöpfer, wo möchtest du, dass ich hingehe?" oder „Wo möchtest du, dass ich bin?" Ich verrate dir, warum nicht.

Ich wurde einst von einem professionellen Astrologen beraten, der mein Horoskop zeichnete. Ich weiß nicht, ob du je so eines hattest, aber sie sind sehr akkurat, informativ und tief in ihrem Inhalt. Ein Teil der Beratung konzentrierte sich darauf, wo der beste Wohnort für mich wäre. Mir wurde gesagt, dass mein Horoskop Spanien und Hawaii als ideale Orte für meine Energie empfehle und in Idaho, wo ich tatsächlich lebte, war der schlechteste Platz. Anscheinend würde ich, wenn ich in Idaho lebte, alle inneren Themen, die ich hätte, hochbringen und sogar alle Initiationen, die möglich sind, zu mir ziehen.

Der Astrologe sagte mir, „Wenn du lernen kannst, in Idaho zu leben, kannst du überall leben. Idaho ist für dich ein schlechter Ort."

Es war offensichtlich, dass der Schöpfer genau wusste, wo er mich hinsteckt, um alle meine Themen hochzubringen, sodass ich einen Weg finden würde, sie zu klären. Hätte ich an einem Ort gewohnt, an dem es einfach für mich gewesen wäre, hätte ich ThetaHealing nie erschaffen. Denn das entstand (zum Teil) dadurch, dass meine Umgebung feindlich für mich und jede Ebene meines Seins war.

Zugegeben, diese Situation hätte mich mehrfach um ein Haar getötet, aber ich lernte zu überleben. (Ich habe mich schließlich davon befreit und bin nach Montana gezogen.)

Als der Astrologe Guys Horoskop las, sagte er ihm anfangs, dass ich für ihn als Seelenpartnerin eine Herausforderung sein werde. Da Guy ein Widder mit Widder im Aszendenten ist und ich ein Steinbock mit Skorpion im Aszendenten, würde ich ihn, so die Worte des Astrologen, „Kauen und ausspucken." Anfangs konnte er nicht feststellen, warum wir zusammenwaren. Als die Beratung jedoch weiterging, wurde es ihm klar: Offenbar hat Guy einen „Finger Gottes" in seinem Horoskop. Offensichtlich ist das in einem Horoskop nichts Alltägliches und bedeutet, dass er mit einer bestimmten Mission von Gott geboren wurde. Aus astrologischer Sicht scheint es, dass Guy und ich auf einer besonderen Mission sind und dass wir diese zusammen erfüllen werden.

Es könnte sein, wenn du beginnst mit einer Person auszugehen, dass eure Sternzeichen einander zuerst bekämpfen. Da Guy ein Widder mit Widder im Aszendent ist, ist er, astrologisch betrachtet, ein Stubenhocker. Er liebt es, zuhause alles zu regeln. Da ich ein

Steinbock bin, was bedeutet mein Zuhause ist mein Zuhause, steuerten wir auf eine Kollision Ziege gegen Bock zu!

Als wir zusammenzogen, befürchtete Guy, dass ich all seine Dekorationen herunternehmen würde und sie durch meine eigenen ersetzen würde. Schließlich legten wir all unsere Sachen zusammen und schufen ein Gleichgewicht unserer Energien und Ausdrucksformen. Trotzdem war es für mich klar, dass das sein Zuhause war. Ich hatte die Wahl, ihn entweder für das Zuhause zu bekämpfen oder es ihm zu überlassen, und als ich so darüber nachdachte, ließ ich ihm diesen Raum.

Nun ist die Küche sein, und er ist der König. Weil er der König ist, ist er derjenige, der kocht, putzt und das Geschirr spült. Da ich die Königin bin kocht er für mich, serviert mir mein Essen und massiert jeden Abend meine Füße. Zuhause ist er wirklich federführend. Wer immer dekoriert, die Wäsche macht, das Geschirr spült und das Haus putzt, hat die Macht im Haus, weil die Person ihre Energie in jeden Aspekt von ihm verankern.

Das Büro ist mein, und von Zeit zu Zeit muss ich ihn daran erinnern, dass dies so ist. Ich bin im Institut verantwortlich, während die Farm, der Garten, das Labyrinth und das Haus in seiner Verantwortung liegen.

Einige Menschen behaupten, Astrologie sei viel Wind um nichts, aber ich habe schon oft beobachten können, dass Menschen nach ihrem Sternzeichen und ihrem Aszendenten handeln. Wenn diese unterschiedlich sind, scheint es so, als würden sie mehr nach ihrem Aszendenten handeln. Ich bin ein Steinbock mit Aszendent Skorpion, und ich handle mehr wie ein Skorpion.

Wenn es um Beziehungen geht, schaue dein Mondzeichen an. Es zeigt, wie dein Unterbewusstsein handelt und wie du in einer Liebesbeziehung bist.

Wenn du das Sternzeichen deines Seelenpartners herausfinden kannst, wirst du eine Idee davon bekommen, wie er sich in einer Beziehung verhalten wird. Das Sternzeichen meines Ehemannes zu verstehen, half mir zu wissen, wie ich mit ihm umgehe.

EINNISTEN

Wenn du zum ersten Mal mit deinem Seelenpartner zusammenziehst, werdet ihr beide einen Eingewöhnungsprozess durchmachen. In den meisten Beziehungen wird die Frau das Zuhause mit ihrer Energie füllen und es so machen, wie sie es gerne hat. Diese Handlung geht über das einfache Dekorieren hinaus – es ist eine direkte Handlung der Vorherrschaft im Zuhause. Hierbei geht es darum, wer nach der Phase des Werbens der Beziehung der Boss sein wird (beachte, dass die Phase des Werbens nie enden sollte). Es ist im Wesentlichen ein unterbewusster Machtkampf zwischen den Partnern.

Das ist etwas, das du vermeiden möchtest. Es ist wichtig, einen Schritt zurückzunehmen und die Situation von einer höheren Perspektive zu betrachten. Sogar mit einem göttlichen Seelenpartner geht es im Leben um Kompromisse. Wie ich sagte, in meiner Beziehung trat ich also, als wir den Konflikt hatten, wessen Haus es ist, einen Schritt zurück und überließ Guy die Herrschaft über das Haus. Steinböcke sind wirklich heimorientierte Menschen, und es fällt ihnen schwer, diese Art der Kontrolle loszulassen, aber ich tat es zugunsten der Beziehung. Ich musste mich aus dem Konflikt nehmen und Guy mich lieben lassen.

Wenn du ein Zuhause mit deinem Seelenpartner schaffst, musst du entscheiden, wer was in der Beziehung macht. Ebenfalls wirst du Glaubensarbeit mit deinem Partner machen müssen, während ihr zusammenwachst und voneinander lernt.

Meiner Erfahrung nach ist es am besten, die Energie der Hausdekoration mit deinem Partner zu teilen. Wenn die Frau zu viel übernimmt, kann sich der Mann in seinem Zuhause bedeutungslos fühlen. Umgekehrt wird sich die Frau so fühlen, wenn der Mann hier dominant ist. Wer in gleichgeschlechtlichen Beziehungen dominiert, hängt von der Persönlichkeit der beteiligten Personen ab, aber die selbe Dynamik ist am Werk.

Immer das Dekor mischen, damit es die Bedürfnisse beider trifft. Wenn ein Kompromiss in diesem Aspekt der Beziehung nicht möglich ist, kann der im Unterbewusstsein schlummernde Groll sich in der Realität in Wutausbrüchen manifestieren.

Darum habe ich das Gefühl, dass es am besten ist, wenn junge Paare nicht in einem Haus leben, das schon zuvor einer von beiden bewohnt hat. Idealerweise sollten sie in ein neues Haus ziehen, das ihnen einen frischen Start ohne die Last der Überzeugungen verschafft, die höchstwahrscheinlich dem Haus innewohnen.

Glück ins Haus herunterladen

Wenn ihr euch gemeinsam ein Zuhause errichtet, stelle sicher, dass du die richtigen Gefühle in dein Haus herunterlädst, um Harmonie in der Beziehung zu schaffen.

Ich glaube, dass wir immer, wenn wir solide unbelebte Objekte anfassen, einen magnetischen Erinnerungsabdruck darauf hinterlassen. Dies erklärt, warum solche Objekte mit gewissen Eigenschaften programmiert werden können. Wir können dies nutzen, um unsere Umgebung zu unserem Vorteil aufzuladen.

Wenn du die Gegenstände in deinem Haus mit einer Aufgabe auflädst, werden sie nur die Energie dieser Aufgabe ausstrahlen. Sie werden es zu dir zurückstrahlen und dir einen sicheren Hafen geben, wo du deinen Geist aufladen kannst. So kannst du die Beziehung nähren. Zum Beispiel:

- Dein Küchentisch sollte programmiert werden, dass er immer Essen im Überfluss bietet und dass wer auch immer an ihm speist, ihr gesättigt und zufrieden verlässt.

- Deine Wände sollten dir erlauben, dich sicher zu fühlen.

- Deine Couch sollte aufgeladen werden, dass sie komfortabel und einladend ist.

- Statuen und Steine können Heiligkeit reflektieren und Reichtum ausstrahlen. Alle Mineralien halten Erinnerungen. Du kannst in einen Kristall beispielsweise Siebte-Ebene-Energie herunterladen, dann platzierst du ihn in einem Raum. Er wird die Energie im Haus ausstrahlen.

- Das Bett sollte mit Komfort, Liebe, Ruhe und Verspieltheit programmiert werden.

- Bilder können mit dem Gefühl von genährt sein, Ehre und Inspiration aufgeladen werden (Abhängig vom Thema).

- Schnitzereien können mit Wertschätzung der Schönheit, Majestät und Macht aufgeladen werden.

Programmiere alle Objekte in deinem Zuhause und in deinem Raum mit den von dir gewünschten Absichten.

PROGRAMMIERE EIN UNBELEBTES OBJEKT

1. Zentriere dich in deinem Herzen, und schicke deine Energie hinunter in Mutter Erde, die Teil ist von Allem was Ist

2. Gehe hoch, aus deinem Kronen-Chakra hinaus in einem Lichtball, und projiziere dein Bewusstsein hinaus, an den Sternen vorbei ins Universum.

3. Gehe am Universum vorbei, durch die verschiedenen Lichtschichten, durch das goldene Licht, durch die geleeartige Substanz, die die Gesetze sind, in ein irisierendes weißes Licht, in die Siebte Ebene der Existenz.

4. Gib die Anweisung und erbitte:

> *„Schöpfer von Allem was ist, es ist angewiesen,*
> *dass dieser Gegenstand mit der Fähigkeit*
> *[benenne die Fähigkeit] programmiert ist. Danke!*
> *Es ist vollbracht, es ist vollbracht, es ist vollbracht."*

5. Bezeuge, wie der Download vom Schöpfer in den Gegenstand fließt.

6. Sobald der Prozess abgeschlossen ist, reinige dich mit der Siebten-Ebene-Energie und bleibe mit ihr verbunden.

PROGRAMMIERE DEINE UMGEBUNG, UM DEIN LEBEN ZU BEREICHERN

1. Gehe auf die Siebte Ebene wie zuvor beschrieben.

2. Gib die Anweisung:

   *„Schöpfer von Allem was Ist, es ist angewiesen, dass
   alles in meiner Umgebung mein Leben bereichert. Danke!
   Es ist vollbracht, es ist vollbracht, es ist vollbracht."*

3. Bezeuge, wie die Gegenstände in deinem Haus und in deiner Umgebung den Download von Energie bekommen, die dein Leben bereichert.

4. Sobald der Prozess abgeschlossen ist, reinige dich mit der Siebten-Ebene-Energie und bleibe mit ihr verbunden.

MENSCHLICHE INTERAKTION UND DIE NEUE FAMILIE

Mütter bringen etwas Zusätzliches in eine Beziehung: Du bekommst die Frau und zugleich auch mindestens ein Kind. Wenn du diese Frau heiratest, heiratest du die ganze Familie. Das ist manchmal unvorteilhaft. Eine andere Wahrheit ist, dass ein großer Anteil aller Familien (sowohl reiche als auch arme) in der *Jerry Springer Show* sein könnten. Dies ist zu berücksichtigen, wenn du jemanden heiratest. Wie könnt ihr miteinander auskommen?

Kleine Mädchen scheinen die neuen Freunde/neuen Ehemänner zu mögen und kleine Jungs mögen die Freundinnen/neuen Ehefrauen. Diese Situation kann natürlich auch anders herum sein. Hat ein Mann jedoch eine neue Partnerin mit Kindern, wird meist festgestellt, dass ein Mädchen sich besser anpassen kann, während ein Junge um seinen Platz als Mann im Haus kämpfen wird. Diese Herausforderungen sind echt. Mit welcher Situation auch immer du konfrontiert bist, denk daran, dass du mit einem kleinen Mädchen gut shoppen gehen kannst.

Man sollte sich immer vergegenwärtigen, dass wir Menschen instinktiv in unseren Beziehungen mit anderen handeln. Zum Beispiel können Männer nicht so schnell Brücken zu den Kindern der neuen Partnerin errichten wie diese zu seinen. Die Chance ist größer, dass eine Frau die Kinder einer anderen, als ihre eigenen akzeptiert. Dies liegt an ihrer weiblichen Art, und durch ihre Natur und ihre Instinkte ist sie eine Ernährerin. Wir müssen uns daran erinnern, dass egal, wie zivilisiert wir geworden sind, wir uns immer noch in unserem eigenen Tierreich bewegen.

Ein gutes Beispiel hierfür können wir beobachten, wenn ein Mann eine Frau mit einem kleinen Baby trifft. Dieses Baby wird instinktiv verschiedene Pheromone ausströmen, die dazu führen sollen, dass sich der Mann in das Baby verliebt.

Adoptierte Kinder verändern sogar ihre Eigenschaften, um zu den Eltern zu passen, im instinktiven Bemühen, akzeptiert zu werden. Ein gutes Beispiel hierfür ist ein mit mir befreundeter Arzt, ein Gynäkologe, der meine Enkelin entbunden hat. Im Lauf der Jahre hat er Tausenden von Babys in die Welt geholfen, und er küsst jedes von ihnen auf die Stirn, sobald es geboren ist (durch seine Maske). Einmal entband er einen kleinen Jungen und zeigte ihn seiner Mutter, aber sie sagte, „Nimm es weg von mir. Ich will es niemals wiedersehen." Mein Freund rief seine Frau an und fragte sie, ob sie den kleinen Jungen adoptieren könnten. Sie war einverstanden. Im Lauf der Zeit sah der Junge dem Arzt ähnlicher als seine biologischen Kinder.

Diese Form der menschlichen Interaktion führt dazu, dass sich eine Mutter instinktiv um ein Baby kümmern möchte. Ein gutes Beispiel für dieses Verhalten bei Frauen war, als meine Töchter ihre Kinder hatten. Ich erlaubte ihnen, sich während der Arbeit um die Kinder zu kümmern, und die anderen Frauen im Büro übernahmen ebenfalls Verantwortung für die Babys. Und die Energie zwischen den Frauen im Büro wurde viel sanfter.

Um ein anderes Szenario zu beschreiben: Bei einer Scheidung werden sich der Elternteil, der zuhause bleibt, und ebenso die Kinder dieser Veränderung anpassen und ihre Rollen verändern. Wenn der Vater geht, wird sich die Mutter anpassen und zur Brötchenverdienerin. Sie übernimmt die Rolle des Vaters und eines der älteren Kinder wird die Mutterrolle einnehmen.

Es kann sehr schwierig für Kinder sein, wenn die Eltern andere Partner finden nach einer Scheidung. Ein Kind wird die Lücke in der Familie, wenn nötig füllen, wenn dann zum Beispiel eine alleinstehende Mutter einen neuen Mann trifft, wird ihr Sohn gegenüber diesem feindlich sein, da der Mann sich in sein Territorium begibt. Dies kann für die Mutter eine Herausforderung werden und ebenso die Wurzel vieler Konflikte zwischen Stiefvätern und Jungen.

Ein Stiefvater wird normalerweise Mädchen einfacher akzeptieren als Jungen, da die Männer miteinander konkurrieren.

Was ich als Herausforderung empfinde ist, wenn Mütter es ablehnen, ihre Kinder mit dem Stiefvater zu teilen. In vielen Fällen wollen sie die Liebe, die das Kind für sie hat, nicht mit irgendjemandem teilen. In dieser Situation, wenn die Glaubenssätze der Mutter verändert werden, damit sie die Liebe des Kindes mit dem Stiefvater teilen kann, kann sich die Familiendynamik verändern. Glaubensarbeit sollte das erste sein, das du machst, wenn du einen anderen Partner in die Familienkonstellation bringst.

Wenn ein Stiefvater Kinder aus vergangenen Beziehungen hat, zieht er womöglich seine eigenen Kinder denen seiner neuen Partnerin vor, wohingegen eine Stiefmutter oftmals alle Kinder akzeptiert. Ich glaube, Mütter, die die Kinder nicht akzeptieren, haben nicht dieselben Pheromonrezeptoren wie die meisten anderen Frauen.

Wie auch immer die Dynamik einer neuen Familie ist, sie kann durch die Verwendung von Downloads verändert werden:

- Für den Mann: „Ich kann das Kind einer anderen Person wie mein eigenes akzeptieren."

- Für die Mutter: „Ich weiß, wie ich meine Kinder mit anderen Personen teile."

- Für die Kinder: „Ich weiß, wie ich diese Person als zusätzliches Elternteil akzeptiere."

Kapitel 12

BEZIEHUNGEN RETTEN ... ODER VORWÄRTSGEHEN

Wenn ein Paar heiratet, sind Leidenschaft und Romantik in der Beziehung sofort präsent. Doch im Lauf der Zeit vergisst das Paar womöglich, einander besonders fühlen zu lassen. Frauen möchten aber, dass diese Dinge spontan passieren. Ich habe viele Männer gesehen, die vergessen haben, romantisch zu sein, aber die Ehe ist eine Zweibahnstraße, und oft erkennen Frauen nicht, dass Männer nicht so funktionieren und dass sie aufgefordert werden müssen, romantisch zu sein.

Oft sah ich Frauen, die fühlten, dass ihr Ehemann ihr Seelenpartner war, als sie geheiratet hatten, aber mit der Zeit empfanden sie, dass etwas in ihrer Beziehung fehlte. Sie wünschen sich einen Ritter in schimmernder Rüstung, der sie umwirbt und in eine fliederfarbene Wolke aus Romantik und Leidenschaft entführen. Alles andere in der Beziehung mag gut funktionieren, und es beanspruchte womöglich Jahre, bis der Mann so wurde, wie sie es wollte. Doch nun will sie ihn loswerden. Wenn beide dann eine Weile voneinander getrennt sind, erkennt sie, dass sie ihn schrecklich vermisst. Ihr Ritter materialisiert sich nicht und sie gelangt zur Erkenntnis, dass ihr Exmann ihr Seelenpartner war.

Viele Menschen lassen sich scheiden oder verlassen eine langjährige Beziehung, bevor sie das sollten. Erst wenn sie sich trennen oder scheiden lassen, erinnern sie sich, wie sehr sie die andere Person geliebt haben, und dann ist es sehr wahrscheinlich, dass die Person bereits weitergegangen ist.

Eine Beziehung zu retten ist die Zeit wert, denn langjährige Beziehungen, Ehen und Familie sind sehr wichtig wie auch die Gefühle und Energien, die zwei Personen zwischen sich erschaffen.

Jedoch kannst du diese Gefühle nicht alleine retten. Wenn eine Person die Beziehung weiterführen möchte und die andere nicht, macht dies die Rettung schwierig.

LISTEN ERSTELLEN

Wenn wir zu dem Punkt kommen, an der eine Beziehung eine Reparatur braucht, haben wir in unserem Geist Listen von Dingen erstellt, die wir an der anderen Person nicht mögen.

Darum schlage ich vor, du solltest sofort alles notieren, was du an deinem Partner/deiner Partnerin magst und liebst. Dies hilft dir, dich an all das zu erinnern, weswegen du dich verliebt hast. Es wird dich zurück zum Anfang bringen, als eure Liebe frisch und neu war.

Sobald du an all diese positiven Gefühle erinnert wurdest, solltest du diese ein wenig verstärken. Dann kannst du womöglich die Liebe, die du verloren hattest, wiedergewinnen.

Glaubensarbeit ist der nächste Schritt, dem ich Paaren in schwierigen Lagen vorschlage. Als das Seelenpartner-Seminar erstmals unterrichtet wurde, rettete dies viele Ehen und Beziehungen, da es den Paaren eine Möglichkeit gab, ihre Gefühle durch die Glaubensarbeit zu reparieren.

SCHLUSS MACHEN

Nicht jede Beziehung mit einem Seelenpartner funktioniert. Durch verschiedener Faktoren kann einer der Partner aufhören, die andere Person zu lieben. Wenn dies passiert, will die Person nicht mehr mit der anderen zusammen sein und dies kann nicht gerettet werden.

Im Leben geht es um Entscheidungen. Wenn du deine gegenwärtige Partnerschaft beenden möchtest, ist das etwas zwischen dir und Gott. Frage Gott, ob deine Beziehung gerettet werden kann (oder sollte).

Offene Kommunikation mit der Person ist sehr wichtig. Vielleicht bist du mit deinem passenden Seelenpartner zusammen und weißt es nicht. Dies könnte der Fall sein, wenn ihr nicht miteinander kommuniziert.

Stellst du jedoch fest, dass die Beziehung nicht gerettet werden kann, solltest du jetzt um einen neuen Seelenpartner bitten.

Wenn du mit jemandem Schluss machst, ist es am besten, auch auf Sex mit der Person zu verzichten, mindestens drei bis vier Wochen, damit ihr nicht so eine tiefe Verbindung miteinander habt.

Die sexuelle Verbindung ist ein Grund, warum die Menschen es schwer haben, wenn sie Schluss machen. Wenn wir romantisch mit jemandem verbunden sind, wird unsere spirituelle Energie mit dieser Person bis zu einem bestimmten Grad verbunden. Wie wir gesehen haben, tauschen wir, wenn wir Sex haben, DNA sowohl auf körperlicher als auch auf spiritueller Ebene mit ihnen aus, und dies hält für mindestens sieben Jahre. Diese spirituelle DNA ist eine der Gründe, warum viele von uns es schwierig finden, mit einer Person Schluss zu machen, auch wenn unüberbrückbare Differenzen zwischen beiden bestehen. Wir müssen die Seelenfragmente, die wir ihnen gegeben haben, zurückholen, aber der Körper kann nur eine gewisse Menge auf einmal akzeptieren, darum können die Seelenfragmente nur in Schichten zu uns zurückkommen.

SEELENFRAGMENTE VON VERGANGENEN BEZIEHUNGEN ZURÜCKHOLEN

Diese Übung wird Unglaubliches im Bereich deiner spirituellen Stärke bewirken. Denkst du noch immer über eine vergangene Liebe nach, die schon 10 Jahre hinter dir liegt? Dann trägst du womöglich noch immer ein Seelenfragment von dieser Person bei dir. Um Seelenfragmente einer bestimmten Person aus dir zu entlassen und zu ersetzen, gib die Anweisung, dass alle Seelenfragmente, die zwischen euch ausgetauscht wurden, gewaschen, gereinigt und an beide Parteien zurückgebracht werden.

Wenn du gegenwärtig in einer glücklichen Beziehung mit jemandem lebst und mit diesem Partner/dieser Partnerin zusammenbleiben willst, ist es nicht nötig die Seelenfragmente, die ihr ausgetauscht habt, zurückzuholen.

Wenn du Seelenfragmente von einem vergangenen Liebhaber oder Partner zurückholen willst, sei nicht überrascht, wenn sie aus dem Nichts anrufen und wieder eine Verbindung zu dir aufbauen wollen. Viele der Personen, die an unserem ersten Seelenpartner-Seminar waren, haben ihre Verbindung mit ihren Kindheitsfreunden wiederaufgenommen und heirateten sie.

Hier sind zwei Prozesse, um Seelenfragmente im Allgemeinen zurückzugewinnen. Einer soll dir helfen, das bei der anderen Person durchzuführen, der andere ist für dich selbst.

1. Zentriere dich in deinem Herzen und schicke deine Energie hinunter in Mutter Erde, die Teil ist von Allem was Ist.

2. Gehe hoch, aus deinem Kronen-Chakra in einem Lichtball hinaus, und projiziere dein Bewusstsein an den Sternen vorbei ins Universum.

3. Gehe am Universum vorbei, durch die verschiedenen Lichtschichten, durch das goldene Licht, durch die geleeartige Substanz, die die Gesetze sind, in ein irisierendes weißes Licht, in die Siebte Ebene der Existenz.

4. Gib die Anweisung und Erbitte

Für jemand anderes ': *„Schöpfer von Allem was Ist,
es ist angewiesen, dass alle Seelenfragmente aus allen
Generationen der Zeit, Ewigkeit und zwischen den Zeiten von
[Name der Person] losgelöst, gereinigt
und zu ihnen zurückgebracht werden. Danke!
Es ist vollbracht, es ist vollbracht, es ist vollbracht."*

Für dich selbst „Schöpfer von Allem was Ist, es ist angewiesen,
dass alle meine Seelenfragmente aus allen Generationen der
Zeit, Ewigkeit und zwischen den Zeiten losgelöst, gereinigt
und zu mir,
[dein Name], zurückgebracht werden. Danke!
Es ist vollbracht, es ist vollbracht, es ist vollbracht."

5. Bezeuge, wie die Seelenfragmente zurückgebracht werden.

6. Sobald der Prozess abgeschlossen ist, reinige dich mit der
Siebten-Ebenen-Energie und bleibe mit ihr verbunden.

SCHEIDUNG

Ich persönlich bin sehr dankbar für die Einführung der Scheidung, da sie mir die Möglichkeit gab, Beziehungen zu verlassen, die offensichtlich nicht funktionierten. Ich bin drei Mal geschieden, bevor ich Guy traf.

Ich muss zugeben, ich war irgendwie naiv im Hinblick auf Beziehungen, als ich jünger war. Ich stellte fest, dass die ersten zwei Männer, die ich heiratete, nicht zu mir passten, und der dritte war sehr eigentümlich. Ich hätte mit diesen Männern viel länger ausgehen sollen, bevor ich sie heiratete, und dabei hätte ich wahrscheinlich erkannt, wie wenig wir zueinander passten.

In den USA lassen sich viele Paare scheiden, meistens, weil sie erkennen, dass sie mit dem falschen Partner zusammen sind. Aber manchmal lassen sich Menschen vom richtigen Partner scheiden, weil sie nicht durch schwere Zeiten gehen möchten, um einen Punkt zu erreichen, an dem sie miteinander auskommen. Viele Menschen erkennen, dass ihr Exmann oder ihre Exfrau ihre Seelenpartner waren, nachdem sie die Beziehung beendet haben, weil sie nach ihrem Seelenpartner suchten, anstatt an der Beziehung zu arbeiten. Dies war bei vielen Frauen der Fall, die ich in den letzten Jahren beobachtet habe. Eine Scheidung ist gut, wenn man unpassend ist fehlt, und schlecht, wenn das Schiff zu früh verlassen wird.

Wenn sich eine Situation nicht retten lässt, dann ist die Trennung unvermeidbar. Wenn es Kinder aus der Beziehung gibt, ist es wichtig, diesen Übergang so sanft wie möglich zu machen. Scheidungen können unangenehm werden, sodass die Eltern vor ihren Kindern schlecht voneinander reden. Das ist unbedingt zu vermeiden. Die Kinder verdienen es, beide Eltern nach der Trennung wiederzusehen.

ENERGETISCHE SCHEIDUNG

Wie du eine Verpflichtung entlässt, die dir nicht dient:

1. Zentriere dich in deinem Herzen und schicke deine Energie hinunter in Mutter Erde, die Teil ist von Allem was Ist.

2. Gehe hoch, aus deinem Kronen-Chakra, in einem Lichtball hinaus, und projiziere dein Bewusstsein an den Sternen vorbei ins Universum.

3. Gehe am Universum vorbei, durch die verschiedenen Lichtschichten, durch das goldene Licht, durch die geleeartige Substanz, die die Gesetze sind, in ein irisierendes weißes Licht, in die Siebte Ebene der Existenz.

4. Gib die Anweisung und Erbitte:

„Schöpfer von Allem was Ist, es ist angewiesen, dass wir, [Name der Person] und ich, vom Versprechen dieser Ehe, welches vergangen ist, auf die höchste und beste Weise entlassen werden, sodass ich nun meinen Seelenpartner treffen kann. Ich habe die richtige Definition von allen Menschen in meinem Leben und von Gott. Danke! Es ist vollbracht, es ist vollbracht, es ist vollbracht."

5. Bezeuge, wie die Energie der Verbindung ins Licht des Schöpfers geschickt wird.

6. Sobald der Prozess abgeschlossen ist, reinige dich mit der Siebten-Ebene-Energie und bleibe mit ihr verbunden.

Bitte verstehe, dass nichts von dem, was ich hier geschrieben habe, in Stein gemeißelt ist. Du kannst deine Realität verändern, sodass es möglich ist, einen Seelenpartner aus der Person zu machen, mit der du zusammen bist. Diese Information gibt keine Lizenz dazu, dich aus deiner gegenwärtigen Partnerschaft zu lösen. Du bist vielleicht mit deinem Seelenpartner zusammen und weißt es nur nicht.

Wie auch immer deine Situation ist, hier ist mein Seelenpartner-Gebet:

Schöpfer von Allem was Ist,
Alles was ich sein kann und sein werde, gebe ich heute auf meine
Bitte hin als Gebet zu dir.
Ich bete, dass ich die Person finde, die Person, die für mich ist.
Die, die sich mit mir vereint,
Und mir erlaubt frei zu sein.

Ich bete, dass diese Person die eine und einzige sein wird.
Die eine, die mein Herz sich großartig fühlen lässt,
Sodass wir eins werden können.

Ich bete zu dir, höre meine Bitte, und ich werde die eine Person
für mich finden.

Über dem Wasser und über dem See, ich weiß, dort ist die eine
Person für mich.
Ich bete, dass ich sie bald finden werde
Und sie mich finden wird.
Dann werden wir unser Leben
Zusammen als eines leben.

Mit dem Wissen, dass mit jemand anderem zusammen zu sein
womöglich nicht einfach ist,
Mit dem Wissen, dass mit jemand anderem zusammen zu sein
eine Herausforderung sein kann,
Dies ist das, was mich mit Frohsinn erfüllt.
Ich bete, dass ich die eine Person finde, mit der ich mein Leben
teilen kann,
Um die Sonnenuntergänge anzuschauen und mit ihr zu lachen
und zu spielen.

Um zusammen zu wachsen, bis wir sehr alt sind,
Bis die Zeit zu gehen gekommen ist,
Ich bete, dass wir zusammen auf eine höhere Ebene gehen.
Diese wahre Liebe verdiene ich,
Mit dieser Bitte, bete ich nun, dass dies demnächst zu mir
kommt.

Ich hoffe, dass ich dir auf deinem Weg zu einem passenden Seelenpartner geholfen habe. Viel Glück!

QUELLEN

ThetaHealing® ist eine Energieheilmodalität gegründet von Vianna Stibal, wohnhaft in Bigfork, Montana. Zertifizierte Lehrer überall auf der Welt verbreiten ihre Lehren. Die Seminare und Bücher von ThetaHealing® sind als therapeutische Selbsthilfeführer gedacht, um die Fähigkeit des Geistes zu heilen und zu entwickeln. ThetaHealing® bietet Seminare (*siehe Seite 227*) und verschiedene Bücher:

Englische Original Titel:

ThetaHealing® (Hay House, 2006, 2010)

Advanced ThetaHealing® (Hay House, 2011)

ThetaHealing® Diseases and Disorders (Hay House, 2011)

On the Wings of Prayer (Hay House, 2012)

ThetaHealing® Rhythm for Finding Your Perfect Weight
(Hay House, 2013)

Seven Planes of Existence (Hay House, 2016)

Deutsche Titel:

ThetaHealing die Heilkraft der Schöpfung

ThetaHealing für Fortgeschrittene

ThetaHealing Krankheiten und Beschwerden

Auf den Schwingen der Gebete

ThetaHealing RHYTHM um dein perfektes Gewicht zu finden
(W-Cooperations, 2016)

ThetaHealing Die Sieben Ebenen der Existenz
(W-Cooperations, 2016)

Für weitere Informationen über die verschiedenen ThetaHealing®
Seminare: www.thetahealingworldwide.com oder
www.thetahealing.com. Ebenfalls kannst du uns auf den
Sozialen Medien folgen:

 ThetaHealingbyVianna

 ThetaHealingbyVianna

 @thethetahealing

 thethetahealing

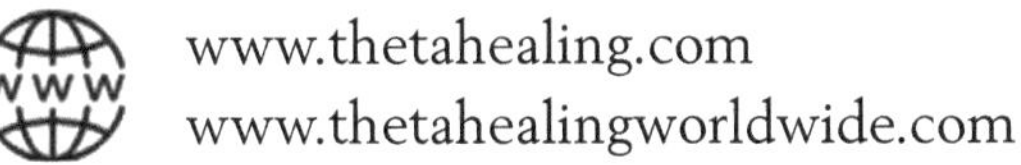 ThetaHealingVianna

www.thetahealing.com
www.thetahealingworldwide.com

ÜBER DIE AUTORIN

Vianna Stibal Begründerin der ThetaHealing®-Technik, ist Großmutter und Mutter, Künstlerin und Autorin. Aufgrund ihres natürlichen Charismas und Mitgefühls für Menschen und besonders diejenigen, die Hilfe benötigen, wird sie auch intuitive Lehrerin genannt.

Nachdem ihr gezeigt wurde, wie sie sich mit dem Schöpfer verbinden konnte, um den einzigartigen Prozess mit dem Namen ThetaHealing®, durchzuführen und mit zu erschaffen, wusste sie, dass sie dieses Geschenk mit so vielen Menschen wie möglich teilen sollte. Es ist diese Liebe und Wertschätzung für den Schöpfer und die Menschheit, die ihr die Fähigkeit ermöglichen, klar in den menschlichen Körper zu sehen, zu entwickeln und viele Spontanheilungen zu bezeugen.

Ihr umfassendes Wissen über die Körpersysteme und ihr tiefes Verständnis für die menschliche Psyche, basierend auf ihren Erfahrungen wie auch den Einsichten, die sie vom Schöpfer empfangen hat, machen Vianna zu einem ausgezeichneten Anwender dieser wundervollen Technik. Sie konnte bisher erfolgreich an verschiedenen medizinischen, körperlichen und geistigen Herausforderungen arbeiten.

Vianna weiß, dass die ThetaHealing®-Technik unterrichtet werden kann, darüber hinaus weiß sie, dass sie unterrichtet werden sollte. Sie leitet Seminare überall auf der Welt, um Menschen aller Rassen, Glaubenssysteme und Religionen zu unterrichten. Sie hat Lehrer und Praktizierende unterrichtet, die in über 25 Ländern arbeiten, ihre Arbeit geht jedoch weiter. Sie hat sich verpflichtet, diese spirituelle Philosophie auf der ganzen Welt zu verbreiten.

Guy Stibal ist ein früherer Rancher, Historiker, Autor, Romantiker und verfolgt ein weites Wissen in verschiedenen Dingen. Er ist seit 1998 die spirituelle Inspiration von Vianna, als sie einander fanden und sich auf die Schwingen der Gebete begaben, um ThetaHealing® zu erschaffen.

www.thetahealing.com

DIE SIEBEN EBENEN DER EXISTENZ

Die Philosophie der ThetaHealing® Technik

VIANNA STIBAL

Begründerin der ThetaHealing® Technik

Für Menschen, die bereits erste Erfahrungen mit der Magie dieser Energie-Heil-Modalität gemacht haben, stellt dieses Buch die Philosophie hinter allem dar: die Sieben Ebenen der Existenz.
Vianna präsentiert eine neue konzeptuelle Struktur, um zu verstehen, wie und warum die Schöpfung auf körperlicher und geistiger Ebene funktioniert und wie sie in allen Ebenen unseres Seins wirkt. Sie zeigt uns, wie wir diese kosmischen Energien in all ihrer Majestät wahrnehmen und für Heilungen und geistige Entwicklungen nutzen können. Sie nimmt uns mit in Dimensionen, von denen sie glaubt, dass sie der Anfang des Lebens selbst sind.

Buch Softcover: ISBN 978-3-9524610-3-7
Buch Hardcover: ISBN 978-3-9524610-2-0
E-Book: ISBN 978-3-9524610-1-3
www.w-cooperations.ch

Dies mehr als nur ein Buch über Abnehmen! Es geht vielmehr darum, den wahren Rhythmus für Körper, Geist und Seele zu finden, während du zu deiner inneren Schönheit und Selbstliebe gelangst.

Vianna Stibal hat zum ersten Mal ein Buch zusammengestellt, welches dir zeigt, wie ThetaHealing® genutzt werden kann, um Gewicht loszulassen sowie deinen starken, gesunden und wunderschönen Körper zu entdecken, den du liebst!

ISBN 978-3-95246-100-6

www.w-cooperations.ch

NOTES

NOTES